Münsterländisches Kochbuch

Bodenständige Rezepte vom Lande

Herausgeber:	*Verlag Schnell Buch & Druck, Warendorf*
Redaktion (Rezepte):	*Maria Brox, Rosa Freickmann, Birgit Grewe, Maria Schütteldreier, Maria Schwert, Katharina Unkhoff, Anne Voß, Roswitha Weidenbach, Anneliese Zielinski*
Realisation:	*Werner Bockholt*
Redaktion (Texte):	*Maria Brox*
Illustration:	*Schüler des Kardinal-von-Galen-Gymnasiums Münster-Hiltrup*
Druck und Verlag:	*Schnell Buch & Druck* *48231 Warendorf, Waterstroate 16*
ISBN:	*3-87716-906-6*
	Warendorf, Oktober 1993

Münsterländisches Kochbuch

Bodenständige Rezepte vom Lande

*ausprobiert und aufgeschrieben
von erfahrenen münsterländischen Hausfrauen*

SCHNELL Buch & Druck
Warendorfer Lieblingsbücher

Vorwort

Daß sich das Münsterland im Hinblick auf sein Essen und Trinken wahrlich nicht hinter anderen deutschen Landschaften zu verstecken braucht, wird jeder bestätigen können, der Land und Leute im Münsterland und ihre Eß- und Trinkgewohnheiten kennengelernt hat. Die "Highlights" sind nach wie vor die Lebensmittel, die gleichsam aus der auch heute noch weitgehend bäuerlichen Landschaft erwachsen sind, wie beispielsweise Schinken und Pumpernickel, Altbier und Klarer Korn.Im Münsterland liebt man es deftig und herzhaft. Gerade die anstrengende körperliche Arbeit auf den Bauernhöfen oder die handwerkliche Arbeit in den Dörfern und Landschaften war die Ursache dafür, daß kräftige Hausmannskost auf den Tisch kam: Dicke Bohnen mit Speck, Pfefferpotthast, Schinken, Bauernstuten, aber auch Eintöpfe und Durchgemüse wie Schnibbelbohnengemüse oder Sauerkraut durcheinander.In der Gegenwart wird es schon etwas schwieriger, die traditionellen bodenständigen Gerichte des Münsterlandes kennenzulernen. In manchem Dorfgasthof des flachen Landes wird auch heute noch die münsterländische Küche gepflegt, in größeren Städten hingegen wird es zunehmend schwerer fallen, münsterländische Hausmannskost auf den Speisenkarten zu finden. Zu sehr wird die traditionelle bürgerliche Küche von ausländischen Lokalen und Spezialitätenrestaurants überlagert.Dennoch, die münsterländische Küche wird in zahlreichen Familien in den Dörfern und auf den Bauernhöfen des Landes noch gepflegt. Hier gibt es noch alltägliche Gerichte wie Milch mit Zwieback, Töttchen und Panhas, Stippmilch mit Pumpernickel oder Dickmilch mit Zimt und Zukker: Das vorliegende "Münsterländische Kochbuch" stellt eine Auswahl einer Rezeptsammlung dar, die vor einigen Jahren in der Stadt Drensteinfurt, 20 km südlich von Münster, zusammengetragen wurde. Neben den Rezepten, die einen Querschnitt durch das alltägliche Essen und Trinken im Münsterland vermitteln sollen, wurden darüber hinaus aus alten handgeschriebenen Kochbüchern interessante Rezepte ergänzend hinzugefügt.Aus der Gesamtheit der Rezepte, einerseits von Hausfrauen, die seit Jahrzehnten in ihren Familien die Gerichte so zubereiten, andererseits von den aufgeschriebenen, wurde unter Berücksichtigung der Bodenständigkeit und des Alters eine Auswahl zusammengestellt, die sich in diesem Kochbuch wiederfindet.Allen, die am Zustandekommen dieses Kochbuchs mitgewirkt haben, den Hausfrauen, die ihre Rezepte bereitwillig herausrückten und aufschrieben, den Mitgliedern in der Redaktion, die in mühevoller Kleinarbeit die Rezepte zusammentrugen, überprüften, ergänzten und ordneten, den Schülern, die für die Illustrationen zuständig waren, sei hiermit herzlich gedankt.Allen Hausfrauen und Hausmännern, die dieses münsterländische Kochbuch erwerben, wünschen wir viel Spaß beim Ausprobieren der Rezepte und Guten Appetit.

Inhaltsverzeichnis

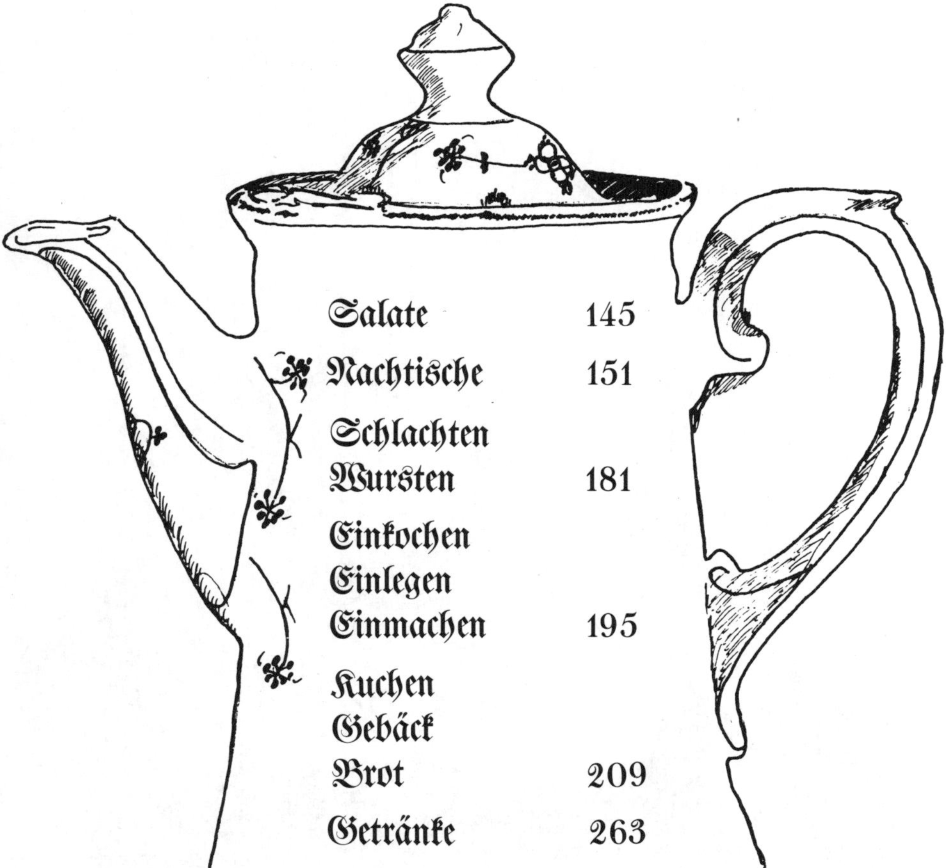

Einleitung

Mit diesem Buch wird das Ziel verfolgt, die Rezepte der "Münsterländer Küche" zu sammeln und zu präsentieren. Bewußt wurden nur solche Rezepte in das Buch aufgenommen, die auch einen Bezug zum Münsterland haben. Das bedeutet zwar nicht, daß es eine ausgesprochene münsterländische Küche gibt, vielmehr sind die hier aufgeführten Rezepte in vielen anderen Teilräumen Westfalens so oder so ähnlich anzutreffen. Dieses Kochbuch versteht sich nicht als Konkurrenz zu bereits zahlreichen vorhandenen Münsterländer Kochbüchern, vielmehr soll hiermit versucht werden, den regionalen Aspekt unter dem traditionellen und bodenständigen Aspekt des Essens näher zu erleuchten.

Die hier aufgeführten Rezepte sind weitgehend überlieferte alte Rezepte, wie sie bereits vor 50 Jahren bekannt waren. Um den Hausfrauen und Hausmännern der Gegenwart jedoch auch Freude an der Zubereitung und dem anschließenden Genuß zu ermöglichen, wurden die meisten Rezepte mit den Zutaten aktualisiert.

Auf Rezepte, die im Münsterland vor dem Zweiten Weltkrieg gänzlich unbekannt waren, wurde bewußt verzichtet. Die abgedruckten Rezepte geben damit deutlich einen Einblick in die kleinstädtische und bäuerliche Eßkultur des Münsterlandes, die damit auch ein Spiegelbild der sozialen Struktur der Bewohner darstellt.

Die Rezepte werden abgerundet durch textliche Erläuterungen, die einige Gerichte in den Tages- und Jahresverlauf stellen sollen und verdeutlichen, welchen Stellenwert sie hatten.

Darüber hinaus wurden Rezepte aus alten handgeschriebenen Kochbüchern aus dem Münsterland übernommen. Damit diese ihren Reiz, der in der Handschrift liegt, auch beibehalten, sind sie unverändert übernommen worden. Da die alte deutsche Schrift jedoch nicht mehr allen geläufig ist, hilft eine Übertragung bei der Erschließung.

Aus dem raschen Wandel heraus, von dem auch in besonderem Maße das Eßverhalten, die Eßgewohnheiten und damit der ganze Bereich der Küche betroffen ist, ist es zu erklären, daß dieses münsterländische Kochbuch entstand.

Vor 50 Jahren war das Essen der Bauern und Dorfbewohner einerseits auf die aus ihrer körperlichen Arbeit heraus bedingten Bedürfnisse ausgerichtet, andererseits waren die Bewohner des eher ländlich und agrarisch ausgerichteten Münsterlandes vielfach Selbstversorger. Egal, ob Kaufmann, Handwerker oder Beamter, zu fast jeder Familie gehörte auch ein kleiner Viehbestand, der sich zumeist aus ein paar Schweinen und Hühnern zusammensetzte, manchmal auch eine Kuh oder eine Ziege umfaßte. Darüber hinaus lagen im Weichbild Stadt oder am Dorfrand die Gärten, die frisches Obst und Gemüse lieferten.

Der Lebensrhythmus der Menschen im Münsterland, bestehend aus harter körperlicher Arbeit im zumeist bäuerlichen und handwerklichen Beruf, hatte Konsequenzen für die Küche.

So kam weitgehend das auf den Tisch, was Garten und Stall hervorbrachte und was die Münsterländer als Selbstversorger besaßen.

Daneben spielten jahreszeitliche Aspekte eine entscheidende Rolle: frisches Gemüse und Obst gab es im Sommer, frisch geschlachtetes Fleisch im November, die luftgetrocknete Mettwurst oder der geräucherte Schinken wurden erst zu Weihnachten angeschnitten, im Winter wurde das Eingemachte aus dem Keller geholt.

Dazu kamen religiöse Einflüsse, die auf das Essen und Trinken einwirkten. Etwa Struwen als Aschermittwochs- und Karfreitagsgericht sind ein deutliches Zeichen dafür, daß sich die Kost der Fastenzeit anpaßte.

Das vorliegende Kochbuch versucht, ohne Anspruch auf Vollständigkeit, einen Querschnitt durch das Essen des Münsterlandes zu vermitteln. Vor allem konzentriert es sich auf solche Gerichte, die deutliche Raumbezüge herstellen.

Hierbei fallen einem natürlich die immer wieder zitierten Spezialitäten Schinken und Pumpernickel ein, zwei Produkte, die weit über den Landstrich hinaus bekannt sind und auch heute noch von dem Speiseplan vieler Familien, aber besonders der Gastronomie, nicht wegzudenken sind. Daß der Schinken in einer bäuerlichen Landschaft, in der die Viehhaltung, insbesondere die Schweinehaltung, einen wichtigen Stellenwert einnahm, zuhause ist, versteht sich von allein. In manchem Bauernhaus hängen auch in der Gegenwart über dem offenen Herdfeuer im Wiem die Schinken und bekommen im Rauch von Buchenholz den charakteristischen geräucherten Geschmack. Aber auch der luftgetrocknete Knochenschinken ist nicht wegzudenken.

Während Pumpernickel und Schinken noch allgemein bekannt sind, sind "Dicke Bohnen mit Speck" (Graute Baunen) doch nur in der Region bekannt.

Wichtiger Bestandteil der münsterländischen Küche sind Gerichte vom Schwein; diese beginnen bei geräucherten oder luftgetrockneten Mettendchen, umfassen Möppken- und Leberbrot, Panhas und das typische Töttchen, ein Ragout, bei dem man besser nicht fragt, aus welchen Zutaten es hergestellt wird.

Nicht wegzudenken sind auch die vor allem auf dem Land gepflegten sogenannten "Durchgemüse"; dazu gehört beispielsweise Grünkohl oder Sauerkraut durcheinander, das Schnippelbohnengemüse, der Möhreneintopf oder Stielmusgemüse. Dazu gereicht wird natürlich eine Lage Mehlpfannkuchen, der, wie es im Münsterland üblich ist, immer von oben abgenommen wird.

Zu verdauen sind diese deftigen und sättigenden Speisen nur mit einem Kurzen. Entweder nimmt man einen Korn, der aus einer der zahlreichen münsterländischen Brennereien stammt oder einen Wacholder. Daneben gibt es natürlich auch Bier; besonders das Altbier hat in Münster eine lange Tradition. Doch von den fast 100 Altbierbraustätten ist in der Gegenwart lediglich eine erhalten geblieben.

REIS
ZUCKER

Kleine Begriffskunde

Altbierbowle: Bowle aus Früchten (z.B. Erdbeeren, Pfirsiche) mit Zusatz von Altbier

Appelpannkauken: Mehlpfannkuchen mit Apfelstückchen und Zucker

Appeltate: flacher gedeckter Kuchen mit Apfelstückchen

Aufgesetzter: Likör, bestehend aus: 1/3 reife schwarze Johannisbeeren, 1/3 weißer Kandis, 1/3 Korn, in Flaschen aufgesetzt

Biersuppe: Suppe aus Schwarzbrot und Bier

Blinder Fisch: Zwieback oder Brot, in Milch getunkt, mit geschlagenen Eiern eingeweicht und in der Pfanne gebacken

Buchweizenpfannkuchen: Pfannkuchen, aus Buchweizenmehl gebacken

Buttermilchsuppe: erhitzte Buttermilch, in die Pumpernickelscheiben gelegt werden

Dicke Milch: Nachspeise aus geronnener Milch, mit Zucker und Zimt gewürzt

Dörrobst: Reifes Obst, zerteilt, im Backofen oder an der Luft getrocknet (vor allem Pflaumen und Äpfel)

Durchgemüse (Düörgemös) - Bezeichnung für alle Gerichte, bei denen ein Gemüse mit Kartoffeln zusammen in einem Topf gekocht wurden (z.B. Fixebauhnengemös), wichtiger Bestandteil der münsterländischen Küche, dazu gab es in der Regel Mehlpfannkuchen.

Fixebauhnen: Stangenbohnen, länglich flach geschnitten (oft als Fiezebohnengemüse)

Grautebauhnen - Große Bohnen mit Speck: Gemüseeintopf, bestehend aus dicken Bohnen, durchwachsenem Speck, Bohnenkraut und anderen Gewürzen, bedeutendes Gericht der Sommerzeit, wird oft durch Kartoffeln und Mettendchen ergänzt.

Hasenpfeffer: Ein säuerliches Fleischgericht aus Hasenfleisch, Herz, Lunge und Leber

Himmel und Erde: Durchgemüse, bestehend aus Kartoffeln, Äpfeln und durchwachsenem Speck

Kalte Schnauze: Süßer Kuchen, hergestellt aus Keksen, Fett, Kakao und Zucker (auf kaltem Wege gemacht, nicht gebacken)

Klarer: oder "Kloarer", Schnaps, der ausschließlich aus einheimischem Roggen gebraut wird.

Knabbeln: Bauernstuten, der aus dem Ofen genommen wird, wird zerbröckelt und nochmals in Stücken gebacken, bis er knusprig geworden ist, wird im Kümpken mit Zucker bestreut und dann mit heißer Milch oder heißem Kaffee aufgefüllt und vor allem als erstes Frühstück gegessen.

Kümpken: Kleines, schüsselähnliches Porzellan- oder Steingutgefäß ohne Henkel, das zum Essen der Knabbeln benutzt wurde

Leberbrot: aus Schweinefleischstückchen und Mehl mit Gewürzen erstelltes Gericht, wird als Beilage zu Durchgemüse gereicht, in Scheiben in der Pfanne knusprig braun gebraten

Mettendken: Bratwürste, die im Wiem oder in der Räucherkammer geräuchert und dann an der Luft getrocknet werden (sowohl kombiniert als auch nur geräuchert oder luftgetrocknet), werden im Erbsen- oder Bohneneintopf mitgekocht und ergeben einen würzigen Geschmack, schmecken auch mit viel Senf zum Bier (Dröges Endken)

Muckefuck: Kaffee aus Roggen und Gerste, gab es früher in der ganzen Woche, lediglich am Sonntag gab es in manchen Familien Bohnenkaffee.

Nachtisch - übliche Bezeichnung für die Nachspeise, das Dessert

Panhas: Fleischreste und Brühe vom Schlachten mit Blut und Mehl und Gewürz, gekocht, erkaltet, aufgeschnitten, als Brotbelag oder gebraten.

Pfeffer-Potthast: Pikantes Ragout aus Schweinefleisch mit viel Pfeffer und Gewürz.

Plattmann - Bezeichnung für eine kleine, flache Glasflasche, die mit Alkohol (vor allem: Korn, Doppelkorn, Wacholder) gefüllt wurde und in der Jackentasche Platz fand (unentbehrlicher Gegenstand für unterwegs und für die Arbeit außerhalb des Hauses)

Prueks: Wurstebrot, in Stücke geschnitten und in der Pfanne mit Apfelstückchen gebraten (süßsauer)

Prumenkruet: Pflaumenmus

Café

Prumenpannkauken: Süßer Pfannkuchen aus Mehl mit Pflaumen und Zucker

Pumpernickel: Schwarzbrot oder Vollkornbrot, dunkel, wird mehrere Tage gebacken (Münsterländische Spezialität)

Quer durch den Garten: Suppe mit frischem Gemüse aus dem Garten (Kohlrabi, Sellerie, Kartoffeln, Porree, Möhren)

Scheibenkartoffeln: Kartoffeln, geschält in Scheiben geschnitten und in der Pfanne mit Speck gebraten, beliebte warme Beilage zu Schnittchen beim Abendessen, kam in der großen Pfanne auf den Tisch, die Kartoffelscheiben mußten knusprigbraun werden, milder Geschmack

Schwartemagen: Fleischteig, bestehend aus durch den Fleischwolf gedrehtes Schweinefleisch und Schwartemagen, der in einen Magen gefüllt und gekocht wurde (= Wurstaufschnitt)

Stippmilch: Nachspeise aus Quark, Milch und Zucker

Struwen: kleine, in der Pfanne gebackene Mehlpfannkuchen mit Rosinen, Fett und Zucker (Karfreitagsgericht)

Stuten: Weißbrot (aus Weizenmehl), wurde früher selbstgebacken, in der Regel in runder Form mit einem Durchmesser von 30-40 cm, vor allem auf Bauernhöfen, daher die Bezeichnung Bauernstuten

Töttchen: Kleinfleisch vom Schweins- oder Kalbskopf mit pikanter Soße (süßsäuerlich) (beliebtes Gericht nach dem Schlachttag, aber auch unverzichtbarer Bestandteil beim Frühschoppen im Schützenfestzelt, zum Ragout wird Senf und Stuten gereicht)

Westfälischer Himmel: Rauchfang über dem Herd im westfälischen Bauernhaus, vollgehängt mit Schinken, Speck und Mettwürsten

Westfälischer Rosenkranz: Bratwurst, ca. 1,50 Meter lang, im Kranz in die Pfanne gelegt und gebraten

Wurstebrot: wird hergestellt aus Wurstbrühe, Speck, Blut und Mehl. Sehr nahrhaft und haltbar für die kalte Jahreszeit, wird benutzt für Prueks, einem Gericht, das es früher auf Bauernhöfen bereits zum Frühstück gab, sehr sättigend.

¼ Liter

Speiseplan in einer münsterländischen Kleinstadt vor dem 2. Weltkrieg

im Sommer

	So	Mo	Di
morgens 6.00 Uhr	*Knabbeln mit Milch oder Roggenkaffee*	*Knabbeln mit warmer Milch*	*Knabbeln mit Milch und Zucker*
Frühstück 10.00 Uhr	*Rosinenbrot Butter Mettwurst Schinken Bohnenkaffee*	*Weißbrot und Schwarzbrot mit Schinken Leberwurst Roggenkaffee*	*Bauernfrühstück mit Schinkenresten und Rührei Roggenkaffee*
Mittag 12.00 Uhr	*Fettsuppe Salzkartoffeln Blumenkohl Erbsen u. Möhren Braten*	*Milchsuppe Salzkartoffeln Salat gekochte Eier*	*Brotsuppe Wirsinggemüse Fleisch oder lufttrockenen Schinken*
Nachtisch	*Pudding oder Stippmilch*	*Obst Rhabarber*	*Stärkepudding mit Obst, evtl.Erdbeeren*
Kaffee 15.00 Uhr	*Tortenboden mit Erdbeeren Bohnenkaffee*	*Reste vom Sonntagskuchen Muckefuck*	*Brot mit Marmelade Kaffee*
Abendessen 18.00 Uhr	*Kartoffeln in Bratensoße Fleischreste Obst*	*Bratkartoffeln Spiegeleier Apfelmus*	*aufgewärmtes Gemüse Mehlpfannkuchen Obst*

Mi	*Do*	*Fr*	*Sa*
Knabbeln mit Roggenkaffee und Zucker	*Knabbeln mit Milch*	*Knabbeln mit Milch und Zucker*	*Knabbeln mit Milch und Zucker*
Weißbrot Schwarzbrot Schinken Blutwurst Roggenkaffee	*Butterbrote Schwarzbrot eingemachte Sülze, Leberwurst Roggenkaffee*	*Weißbrot mit Käse Schwarzbrot Milch oder Roggenkaffee*	*Brot mit Schinken Schwarzbrot Milch oder Kaffee*
Milchsuppe Salzkartoffeln Kohlrabi Fleischbällchen	*Obstsuppe Spinat Kartoffeln Spiegeleier*	*Erbsensuppe Kartoffelpfann- kuchen*	*Scheiben- kartoffeln*
Obst nach Jahreszt.	*Obst*	*Apfelmus*	*Stippmilch*

Stachelbeeren oder Kirschen oder Johannisbeeren oder Birnen oder Pflaumen

Mi	*Do*	*Fr*	*Sa*
Brot mit Rübenkraut Kaffee	*Brot mit Honig, Marmelade Kaffee*	*Brot mit Marmelade,Honig Kaffee*	*Brot mit Honig, Marmelade, evtl. Rosinenbrot*
Bratkartoffeln u. Rührei Grießmehlpudding	*Kartoffelbällchen Spinat gekochte Eier Stippmilch*	*Nudeln mit Dörrobst Obst*	*Kartoffelsalat mit Würstchen od.gekochten Eiern Obst*

im Winter

	So	*Mo*	*Di*
morgens *6.00 Uhr*	*Knabbeln mit* *warmer Milch* *oder Roggenkaffee*	*warme Milch* *oder Roggenkaffee* *und Knabbeln*	*Roggenkaffee* *oder Milch* *mit Knabbeln*
Frühstück *10.00 Uhr*	*Rosinenbrot* *Butter* *Mettwurst* *Schinken* *Bohnenkaffee*	*Wurstebrot in* *Scheiben mit* *Schinken und* *Apfelringen* *Roggenkaffee*	*Wurstebrot* *Pruks* *in Essig und* *Apfelstückchen* *Muckefuck*
Mittag *12.00 Uhr*	*Fettsuppe* *Salzkartoffeln* *Erbsen und* *Wurzeln* *Braten,* *Pudding*	*Brotsuppe* *Wurzelgemüse* *Wurstebrot* *eingemachtes* *Apfelmus*	*Milchsuppe* *Salzkartoffeln* *Grünkohl (Moos)* *mit Mettwurst* *eingemachtes Obst*
Kaffee *15.00 Uhr*	*Streußelkuchen* *od. Rodonkuchen* *od. Mamorkuchen* *Bohnenkaffee*	*Reste d. Kuchens* *vom Sonntag* *Kaffee und* *Milch*	*Brot mit Marme-* *lade und Honig* *oder Rübenkraut* *Roggenkaffee*
Abendessen *18.00 Uhr*	*Kartoffeln in* *Fleischsoße* *Butterbrote* *Reste vom* *Pudding*	*Reste vom* *Mittag* *Mehlpfannkuchen* *Obst*	*Wurstebrot* *in Scheiben* *Apfelmus* *Reste vom Mittag*

Mi	*Do*	*Fr*	*Sa*
Kümpken Knabbeln mit warmer Milch oder Muckefuck	*Knabbeln mit warmer Milch oder Roggenkaffee*	*warme Milch oder Roggenkaffee mit Knabbeln*	*Roggenkaffee mit Milch und Knabbeln mit Zucker*
Gebratene Leber- wurst Brot Roggenkaffee und Milch	*Leberwurst, Blut- wurst, Weißbrot, Schwarzbrot Roggenkaffee und Milch*	*Weißbrot Käse, Quark Schwarzbrot evtl. 1 Ei Muckefuck, Milch*	*Wurstebrot in Scheiben mit Apfelringen Roggenkaffee Milch*
Salzkartoffeln Böhnchen in Specksoße Kartoffelpfann- kuchen Apfelmus	*Sauerkraut durcheinander mit Eisbein Gurken Obst aus dem Glas*	*Bohnensuppe mit eingelegten Heringen eingemachten Gurken Obst*	*Fizzebohnen mit Kleinfleisch Gurken Obst aus dem Glas*
Wurstebrot mit Schmalz oder Rübenkraut Roggenkaffee	*Wurstebrot mit Schmalz oder Rübenkraut Muckefuck*	*Wurstebrot mit Rübenkraut oder Schmalz Milch oder Roggenkaffee*	*Rosinenbrot Butter Kaffee Milch*
Wurstebrot Pruks Reste vom Mittag Pflaumen	*Reste vom Mittag Mehlpfannkuchen Obst*	*Reste vom Mittag Kartoffelpfann- kuchen Apfelmus*	*warmer Kartoffelsalat Bratwurst Stärkepudding*

Suppen
Suppeneinlagen

Suppen im Münsterland

Gerade die Suppe, ob als Vorspeise oder Hauptgericht, nahm früher im Münsterland einen wichtigen Stellenwert ein.

Dabei gilt es im Grunde zwischen drei verschiedenen Suppenarten zu unterscheiden.

Fettsuppen (von Rindfleisch oder Huhn) gab es nur zu besonderen Anlässen wie bei jahreszeitlichen Feiertagen (Weihnachten, Ostern, Pfingsten) oder bei Familienfeiern. Herausragend war hierbei die "Hochzeitssuppe", eine kräftige Brühe aus Rindfleisch (zumeist Hohe Rippe) und Huhn, die mit Gemüsen (Blumenkohlröschen) sowie Eierstich und Grießmehlklößchen verfeinert wurde.

An den Werktagen konnte vielfach aus finanziellen, aber auch aus zeitlichen Gründen, keine aufwendige Suppe auf den Tisch gebracht werden. Da jedoch vor allem die Bewohner auf dem Lande nicht auf ihre tägliche Suppe verzichten wollten, gab es schlichtere Suppen wie Milchsuppen, die mit Obst, Gries und Zwieback variiert wurden.

Eine nicht wegzudenkende Suppe war im Münsterland die Gemüsesuppe, die auch als Eintopf bezeichnet wird. Diese wurde so sättigend gekocht, daß sie als Hauptmahlzeit verwendet wurde. Hierzu gehören die Erbsensuppe, die Weiße-Bohnensuppe, aber auch "Quer durch den Garten", die Kartoffelsuppe, die Graupensuppe und die Schnippelbohnensuppe. Charakteristisch ist allen, daß sie mit Fleisch verfeinert wurden, beispielsweise mit geräucherten Mettendchen, Rippchen oder Rinderbrust.

Die Devise des Münsterlandes lautete im Hinblick auf die Suppe genauso wie bei den Kartoffeln: Wenn keine Suppe auf den Tisch kommt, kann man auch nicht von einem richtigen Essen sprechen.

Rindfleischsuppe

Hochzeitssuppe

Zutaten:

Rindfleisch, Wasser, Salz und Suppengrün

Zubereitung: Das Fleisch mit kochendem Wasser, Salz und Suppengrün langsam zum kochen bringen. Etwa 2-3 Stunden kochen. Danach das gare Fleisch in ein Sieb geben, damit es eine klare Brühe gibt. Als Einlage für die Suppe oder Bouillon, Markklöße, Spargel oder Grießmehlklöße nehmen. Um die Suppe noch zu verbessern, kann man sie mit einem Ei legieren.

An Feiertagen wie Weihnachten, Ostern oder Pfingsten gehörte eine kräftige Suppe auf den Tisch. Auch bei besonderen Anlässen wie Kommunion oder Hochzeit gab es eine Fettsuppe, die man auch mit „Hochzeitssuppe" bezeichnete. Charakteristisch für diese Suppe war, daß sowohl Rindfleisch als auch ein Huhn die Grundlage der Suppe bildeten. Diese Suppe war stets der zweite Gang eines Hochzeitsessens.

<u>Hochzeitssuppe</u>

1 kg Rindfleisch (früher üblich: hohe Rippe)
1 Huhn
Salz, Suppengemüse (Porree, Sellerie, Wurzeln)

Das Fleisch mit Wasser im Topf auffüllen, zum Kochen bringen und Schaum abnehmen. Salz hinzufügen! 1½ - 2 Std. schwach kochen lassen. Fleisch heraus nehmen, anschließend Suppengemüse hinzufügen und nochmals 20 Minuten kochen lassen und abschmecken.

Als Einlagen gehören zu dieser Suppe Grieß- oder Markklößchen!

Das gekochte Rindfleisch eignet sich für Rindfleisch mit Zwiebelsauce, aus dem Hühnerfleisch kann man Hühnerragout anfertigen!

Hühnersuppe

Zutaten:

1 Suppenhuhn, Salz, Suppengrün (Porree, Sellerie, Wurzeln)

Zubereitung:

Das gewaschene und gesäuberte Huhn mit reichlich Wasser und dem Salz zum Kochen bringen. Den Schaum abnehmen und etwa 90 Minuten bei schwacher Hitze weiterkochen lassen. Das gare Huhn herausnehmen, das Suppengrün hinzufügen und noch ca 20 Minuten weiterkochen lassen.

Zum Schluß den vorher abgekochten Reis hinzufügen, mit Petersilie bestreuen und abschmecken.

Aus dem Fleisch Hühnerragout anfertigen.

Münsterländische Fettsuppe

Eine trockene Mettwurst, durchwachsener Speck und Suppengrün werden mit Wasser und Salz etwa eine Stunde lang gekocht. Ist das Fleisch gar, so wird aus der Brühe die Suppe hergerichtet. Als Einlage werden Mehlklöße gemacht. Man nehme 4 Eßl. Mehl, eine Prise Salz, Muskat und 1 Ei. Dieses wird zu einem dicken Brei verrührt. Die Klöße werden dann mit einem Löffel abgestochen und in die Suppe gegeben. Wenn sie an die Oberfläche kommen, sind sie gar. Dann schmeckt man alles noch mal ab, und die Fettsuppe ist fertig.

Ochsenschwanzsuppe!

Zutaten:

2 Ochsenschwänze 1 Kg Rindfleisch
Zwiebeln, Porre, Sellerie, Mehl,
Butter, Brühwürfel, Guß Madeira

Zubereitung:

Ochsenschwanz zerkleiner und Rindfleisch kräftig anbraten mit Wasser auffüllen. Zutaten dazu geben und alles langsam kochen 2 Std. Mehl mit Fett anschwitzten mit Brühe aufrühren und durchkochen lassen. Fleisch klein schneiden und abschmecken.

Bei klarer Ochsenschwanzsuppe

wird das Fleisch leicht angebraten Kein Mehlschwitze dazu geben. Blätterteigschnittchen mit Käse füllen und dazu reichen.

Grießmehlsuppe mit Wein und Rosinen!

Zutaten: 1 l Wasser, 70 gr. Grießmehl, 60 gr. Zucker, 50 gr. Rosinen ½ Tasse Weißwein, 1 Ei Zimmt.

Zubereitung:
Wasser und Rosinen zum kochen bringen, Grießmehl hinzu fügen, kochen lassen, Wein dazu tun Eine Prise Salz und Zucker, das zu Schnee geschlagene Eiweiß und Zimmt überstreuen.
Kann warm und kalt getrunken werden.

Griesmehlsuppe mit Korinthen.

Man nehme soviel Wasser, wie man Suppe wünscht, füge gewaschene Korinthen oder Rosinen, etw. Zitronenschale und einige Stückchen Zimt hinzu. Hat dieses ¼ Std gekocht, so streue man vorsichtig Griesmehl hinein die Suppe muß langsam kochen, bis das Griesmehl sich nicht mehr senkt. Zu 3 l. Wasser nehme man ungef. ¼ Pfd. Griesmehl. Hat alles gut zusammen gekocht, so gebe man etw. Weißwein oder Essig und Zucker hinzu und ziehe es mit einigen Eidottern ab. Fügt man beim Anrichten etw. Fruchtsaft oder Rotwein hinzu, so können die Eidotter wegbleiben.

Tomatensuppe

So wurde sie in vielen Drensteinfurter Haushaltungen gekocht!

Zutaten:
1 kg Tomaten
Butter
3 Eßl. Mehl
Fleischbrühe
Salz, Pfeffer
Petersilie

Die Tomaten werden gereinigt und geviertelt. In einem Topf werden sie mit etwas Wasser kurz gedünstet. Die Tomatenmasse durchpassieren. Aus etwas Butter und dem Mehl eine Mehlschwitze bereiten, mit den durchpassierten Tomaten auffüllen, die Brühe hinzufügen und kurz köcheln lassen. Mit Salz und Pfeffer abschmecken. Zuguterletzt mit Petersilie garnieren!

Evtl. mit gekochtem Reis, gekochten Porreestreifen oder gerösteten Zwiebeln verfeinern.

Tomatensuppe!

Zutaten: 4 Personen

500 gr Tomaten, 1 l Brühe
30 gr. Fett, 30 gr. Mehl,
od Reis. Petersilie.

Zubereitung:

Tomaten schneiden mit Brühe garen und passieren.
Mehl in Fett anschwitzen mit Brühe auffüllen und durchkochen.
Zur Verfeinerung kann man Zwiebelringe mit andünsten und gehackte Petersilie einstreuen. Statt Mehl gart man Reis.

„schmeckt vorzüglich"

Reis oder Sago Suppe

Zutaten:

1 l Milch
80 - 100 g Reis oder
40-60 g Sago
1 Päckchen Vanillinzucker
etwas Salz
1-2 gut gehäufte Eßl. Zucker

Die Milch erhitzen. Sobald sie kocht den Reis oder Sago einstreuen und 20 Minuten auf Stufe 1, dann 10 Minuten auf Stufe 0 ausquellen lassen. Vanillinzucker in die Suppe geben mit Salz und Zucker abschmecken.

Hagebuttensuppe

500 gr. Hagebutten 50 gr. Zucker
1 1/4 ltr. Wasser 20 gr. Stärke
Zitronenschale 250 gr. Apfelscheiben

Die Hagebutten werden vom Stiel und Blüten befreit, aufgeschnitten und ausgekratzt. Man setzt sie kalt auf und kocht sie weich. Danach werden sie durchpassiert, auf 1 Ltr. aufgefüllt. Man läßt noch einmal mit der Zitronenschale und den Apfelscheiben aufkochen, dickt an und schmeckt ab.

Weinsuppe

Zutaten: 1 Ei

3/4 Ltr. Wasser 1/4 Ltr. Wein

40-80 gr Zucker Saft 1 Zitrone

20 gr Stärkemehl,

Zubereitung:

Wasser mit Zitronenschale zum Kochen bringen, mit dem angerührten Stärkemehl binden, mit Eigelb legieren. Wein u. Zitronensaft hinzufügen u. mit Zucker abschmecken. Den steif geschlagenen Eischnee darauf geben. (Wein Zitronensaft u. Eigelb u. Schnee dürfen nicht kochen, nur ziehen)

Gab es oft Sonntags als Vorspeise, schmeckt auch sehr gut kalt serviert.

Weinsuppe mit Zwieback

4 Personen

125 g Zwieback | 1/4 l Wein
3/4 l Wasser | 60 g Zucker
Salz, Zimt | Zitrone

Die Zwiebäcke werden mit Salz, Stangenzimt und kaltem Wasser aufgesetzt, langsam zum Kochen gebracht und durch ein Sieb gerührt. Dann gibt man Zucker, Weißwein und Zitronensaft hinzu.

Guten Appetit

Biersuppe!

Zutaten:

1 l Wasser, 60 gr. Zucker,
1 Pk. Puddingpulver oder Mondamin,
1 Fl. helles Bier.

Zubereitung:

Wasser zum kochen bringen. Zucker und Puddingpulver einrühren, abkühlen lassen und das Bier dazu geben. Mit einer Schneehaube garnieren

Biersuppe ohne Milch

Fast soviel Wasser wie Suppe wird mit 1 Stück Butter mit Salz, Zimmt, Zucker und einigen Rosinen gekocht. dann werden 6 Eßl. Mehl mit 1 Flasche Bier angerührt und mit gekocht. Soll die Suppe gut werden, rühre man sie mit 3 Eigelb ab das geschlagene Eiw. auf die Suppe. Für 8–10 Personen.

Brotsuppe.

Zutaten:
Wasser, 1 Brötchen oder Weißbrot, 2-3 Schnitten Schwarzbrot, Salz, Zucker, Vanillezucker, Stangenzimt und Backpflaumen.

Alles zum Kochen bringen, dann etwas Mehl mit Buttermilch anrühren, die restliche Buttermilch dazu geben.

Brotsuppe:

Zutaten:

200 gr Weißbrot
150 gr Schwarzbrot
2-3 Eßl Zucker, etwas Salz
125 gr Rosinen od. getrocknete Pflaumen
1 l Milch

Zubereitung:

Weißbrot und Schwarzbrot in einen Topf geben und 1/4 Std. in Wasser weichen lassen. Dann unter Rühren zum Kochen bringen. Salz und Zucker zugeben und mit einem Schneebesen so lange schlagen, bis das Brot zu einem Brei geworden ist. Die eingeweichten und vorgekochten Pflaumen u. Rosinen, sowie die gekochte heiße Milch hinzugeben und gut verrühren.

Knüdelsüppe, (Hackeries)

Zütaten:
1 l Milch, Mehl Priese Salz
1 Ei, Zücker

Zübereitüng:
In einen tiefen (Süppenteller) Mehl ü. Pr. Salz geben. Das Ei mit Mehl so mit einem Löffel vermengen, sodaß ein Hackeries (kl. Knüdel) daraus wird.
Milch züm Kochen bringen die Knüdel hineingeben ü. ünter Rühren 1–2 Min. kochen lassen. Nach Geschmack süßen.

Dörrobstsüppe (Van Beern)

Zütaten:

500 gr Dörrobst, 2 l Wasser
Zimtstange, etwas Mehl
Zücker nach Geschmack.

Zübereitüng:

Man kocht das Dörrobst
etwa 15-20 Minüten mit
der Zimtstange.
dann dickt man es mit
dem Mehl an, man kann
auch noch Saft einer Zitrone
zügeben.

Besonders lecker für
Kinder

Milchsuppen: 1930 - 1950

In Drensteinfurt wurden früher oft Milchsuppen gekocht.
Als Einlagen nahm man Nudeln, Reis, Grieß, Sago, Haferflocken oder Stärkemehl.
Man schmeckte mit Zucker und Salz ab.

Obstsuppen:

1 Glas eingemachtes Obst: Stachelbeeren, Kirschen, Mirabellen, Pflaumen, Birnen, Pfirsiche usw. wurden mit Wasser aufgekocht, mit Mondamin gebunden und mit Zucker nachgesüßt.
Als kalte Suppen an heißen Tagen sehr begehrt.

Buttermilch:

Dieses gesunde Getränk wurde besonders an heißen Tagen, zu jeder Tageszeit, viel getrunken. Mit Zucker und Zwieback wurde die Buttermilch als Suppe gegeben.
In beliebiger Menge konnte man sie täglich frisch in der hiesigen früheren Molkerei bekommen.

Buttermilchsuppe!

Zutaten:

1/4 l Milch, 1 Eßl. Mondamin, 100 gr. Zucker, 50 gr. Rosinen, 1 l Buttermilch.

Zubereitung:

Milch; Zucker und das angerührte Mondamin zum kochen bringen Die Buttermilch unter rühren hinzufügen und kräftig schlagen bis kurz vor dem Kochen zur Seite stellen. Rosinen dazu geben

„Schmeckt kalt und warm vorzüglich.“

Weinkaltschale

Zutaten:

3/4 l Wasser, 1/4 l Wein, 2 Eier
100 gr. Zucker, 4 Blatt Gelantine
Gebäck

Zubereitung:

Eigelb und Zucker schaumig schlagen, so eben anwärmen verteilt sich die Gelantine besser. Wasser und Wein dazu geben. Eischnee schlagen und unterheben.

„Für die Sommermonate eine Köstlichkeit."

Milch mit Zwieback

In einen Suppenteller werden zwei Zwiebäcke (es kann auch Bruchzwieback sein!) hineingelegt. Diese werden mit einem gehäuften Teelöffel Zucker bestreut. Anschließend wird der Teller mit Milch aufgefüllt.
An heißen Tagen wurde kalte Vollmilch genommen, an kühlen Tagen warme Milch.
Einfach, aber lecker!

Suppeneinlagen

Die Suppeneinlagen sind unverzichtbare Bestandteile von Fettsuppen, die in Drensteinfurt gekocht wurden. Neben dem Suppengrün (Porree) gehören auch die im folgenden beschriebenen Einlagen zu einer abgerundeten Brühe.

eingelaufenes Ei

1 Ei mit der Gabel in einem tiefen Teller verschlagen und in die Suppe gleiten lassen.

Als Suppeneinlagen zu Fleischsuppen eignen sich auch: Blumenkohlröschen, Spargel, Erbsen und feingeraspelte Wurzeln, Kohlrabi, Porree, Sellerie und Petersilie.

Markklöße

6 Personen

Zutaten:

50 gr. Knochenmark, Salz
Muskat, 1 Tl. gehackte Petersilie
40-50 gr. Zwieback oder Weißbrot

Zubereitung:

Knochenmark wird sahnig gerührt oder geschmolzen, mit Zwieback oder geriebenem Weißbrot, Eigelb, Salz, Muskat und Petersilie vermengt. Eischnee hinzugeben und die Masse 1/4 - 1/2 Stunde ruhen lassen, kleine Klößchen formen, die man 5-10 Minuten in der fertigen Suppe ziehen läßt

Eierstich

1 Ei, 2 Eßl. Milch
1 Prise Salz, Muskat

Alle Zutaten gut miteinander verquirlen, in eine gefettete Tasse gießen und ins Wasserbad stellen. Das Wasser darf nicht scharf kochen, sonst wird der Eierstich großlöcherig. Nach 1/2 Stunde ist es festgeworden, er wird gestürzt, in Würfel oder Stifte geschnitten, zusammen mit feinem Gemüse in die Brühe geben.

Petersilien-Klößchen

Zutaten:

30g Cocosfett
1 Eßl. gehackte Petersilie
Salz
Muskat
50g Paniermehl
1 Ei
1 Teel. Mehl

Zerlassenes, abgekühltes Cocosfett, Salz, Muskat, Ei und Paniermehl verrühren. Mit einem Teelöffel kleine Klößchen abstechen und in der kochenden Suppe garziehen lassen.

Grießklößchen

1/8 ltr. Milch etwas Butter
60 gr. Grieß, 1 Ei, Salz

Die Milch oder auch Wasser wird mit Butter und Salz aufgekocht, den Grieß einstreuen und tüchtig rühren bis sich ein Kloß absetzt. Man nimmt vom Feuer und rührt das Ei gut unter. Nach dem Erkalten formt man mit den Händen kleine Klöße und läßt sie in der Brühe 10 Min gar ziehen.

Hochzeitsmenü bei einer münsterländischen Bauernhochzeit

Rindfleisch mit Zwiebelsauce
(dazu: eingelegte Gewürzgurken)

*

Hochzeitssuppe mit Einlage
(Brühe aus Rindfleisch und Huhn,
mit Blumenkohl und Eierstich)

*

Verschiedene Braten
Sauerbraten, Schweinebraten, Rinderbraten
dazu: Gemüseplatte
(Erbsen mit Wurzeln, Blumenkohl, Spargel)
Petersilienkartoffeln

*

Zitronencreme, Herrencreme

Essen an Festtagen

An besonderen Tagen wie Ostern und Weihnachten, Erstkommunionfeier oder Taufe wich man vom herkömmlichen alltäglichen Speisenplan ab und versuchte, etwas Besonderes auf den Tisch zu bringen.

Dazu gehörte fast immer Rindfleisch, das in Salzwasser mit Gemüse gekocht wurde. Einerseits hatte man eine kräftige Suppe, andererseits wurde das Rindfleisch in Scheiben oder Stückchen geschnitten und mit einer Zwiebelsauce unmittelbar nach der Suppe gereicht. Zum Rindfleisch mit Zwiebelsauce gab es Kartoffelsalat oder eingelegte Gewürzgurken.

Zur Erstkommunionfeier sah die Speisenfolge etwa folgendermaßen aus: Rindfleischsuppe, Rindfleisch mit Zwiebelsauce und Kartoffelsalat, Rinderbraten und Schweinebraten mit Salzkartoffeln, Erbsen und Möhren, Salat, als Nachtisch Schokoladenpudding mit Vanillesauce, Herren- oder Weincreme.

Eintöpfe

Quer durch den Garten.

3 ℔ Gemüse,
Kohlrabi, Blumenkohl,
Erbsen, Wurzeln, Bohnen,
Wirsing, Porree, Sellerie, Zwiebeln
u. Petersilie. Salz.
1 ℔ Kartoffel, Fett, (Speck)

Speck u. Zwiebel auslassen, Kartoffel und das geputzte, kleingeschnittene Gemüse mit Wasser bedecken; Blumenkohl vorsichtig oben auflegen und alles gut kochen lassen.
Mit Pfeffer abschmecken und gehackte Petersilie überstreuen.
Dieses Gemüse sieht sehr schön aus, man sollte es vorsichtig zu Tisch geben und nicht vorher mit der Kelle zerrühren!

Frühlingssuppe
„Quer durch den Garten"

Geschälte Kartoffel, sowie Kohlrabi, Möhren, Böhnchen, Blumenkohl, Weißkohl, Erbsen und Suppengrün in Stückchen schneiden.
Rindfleisch, Schweinefleisch oder Mettendchen mit Wasser und Salz etwa 1 Stunde lang kochen.
Dann gibt man die Kartoffel und das Gemüse hinzu, bis zum Garen. Es wird dann gut durchgerührt und abgeschmeckt.

Erbsensuppe

<u>Zutaten:</u> 400 gr grüne Erbsen, 2 Stg. Porree, 3 kl. Zwiebeln, 6 Kartoffeln, Salz und ca 250 gr Schweinefleisch (Eisbein od. Kaßler) 2 geräucherte Mettendchen

<u>Zubereitung:</u> Die Erbsen werden über Nacht eingeweicht. Mit reichlich Wasser werden sie mit dem Fleisch ungefähr 1 Std. gekocht. Dann fügt man Salz, kleingeschnittenen Porree, die Zwiebeln und gewürfelte Kartoffeln hinzu. Ebenso die Mettendchen und läßt alles noch eine ½ Stunde weiter kochen. Dann das Fleisch herausnehmen, in Stücke schneiden, wieder zu der Suppe geben und nahmals aufkochen lassen. Nun abschmecken und servieren.
Sollte Pökelfleisch genommen werden, wird das Fleisch, je nach Salzgehalt, einige Stunden vorher gewässert.

Bohnensuppe

Die Zubereitung ist wie Erbsensuppe.

Schnibbelbohneneintopf:
„Fiezebohnen"

500g grüne Stangenbohnen, 500g Kartoffeln, 40g geräucherter Speck, 2 kleingeschnittene Zwiebeln, 20g Fett zum Braten, 20g Mehl, 1/4 l Wasser, Salz, Pfeffer, Bohnenkraut, Essig, Zucker,

Die Bohnen reinigen, putzen u. in kl. Stücke schneiden oder durch eine Schnibbelmaschine in feine Scheiben schneiden. Die Bohnen in reichlich Salzwasser gar kochen u. auf einen Durchschlag schütten. Die Kartoffeln schälen, in Würfel schneiden u. in Salzwasser garen. Den Speck würfeln. Aus Speck, Fett, Zwiebelwürfeln, Mehl u. Bohnenwasser eine helle Soße zubereiten. Die Bohnen u. Kartoffelwürfel untermengen, mit Essig und Zucker süß-sauer abschmecken und mit Bratwurst oder Hackfleischbällchen servieren. Häufig gibt es dazu auch noch Mehlpfannkuchen.

Da sich dieses Gericht im Münsterland früher ganz besonderer Beliebtheit erfreute, wurden die Schnibbelbohnen in großen Steintöpfen mit Salz eingestampft u. dann über den Winter aufgehoben. Man nennt sie in manchen Orten auch „Fiezebohnen". Dazu aß man gekochten Bauchspeck mit Senf.

Bohneneintopf
mit Birnen und Speck

Zutaten: 500 g durchwachsener Speck,
1/2 l Wasser, 1 kg grüne Bohnen,
500 g kleine Kochbirnen,
2 Eßl. Mehl, Salz, Pfeffer, Petersilie

Zubereitung: Den Speck mit Wasser etwa 20 Min. kochen lassen. Die Bohnen entfädeln, waschen, in Stücke brechen und zu dem Speck geben. Dann weitere 15 Min. kochen lassen. Nun die gewaschenen und ungeschälten Birnen mit Stiel, jedoch ohne Blütenansatz auf die Bohnen legen und nochmals 20 Min. langsam kochen lassen. Den Speck herausnehmen und in Scheiben schneiden. Die Bohnen nach Belieben mit Mehl binden und mit Salz und Pfeffer abschmecken und mit gehackter Petersilie bestreuen.

Die Birnen, die Bohnen und der Speck werden zusammen auf einer vorgewärmten Schüssel angerichtet.

Man kann dazu Salzkartoffeln reichen

Möhreneintopf

Zutaten:

500 gr hohe Rippe, oder Kleinfleisch
1 l. Wasser, Salz, Pfeffer, 1/2 Teel. Zucker
1 kg Möhren, 1 kg Kartoffeln
2 Zwiebeln.

Zubereitung:

Das Fleisch in kochendem Wasser aufsetzen 1 Std. kochen. Geschnittene Möhren u. Kartoffeln hinzu geben, salzen, pfeffern, die Zwiebeln in etwas Butter glasieren und auch hinzu fügen, 1/2 Std. langsam kochen lassen. Mit gehackter Petersilie bestreuen.

Dazu schmeckt gut Apfelkompott, oder Schmoräpfel.

Gut bekömmlich

Wirsingeintopf

1 kg Wirsing grob schneiden
1 kg Kartoffeln kleinschneiden

etwas Salz und Pfeffer, Wasser und Fett.

Kartoffeln mit Salzwasser bedecken und den Wirsing dazugeben und mit Pfeffer bestreuen. Etwa 1/2 Stunde schwach kochen lassen.

Zerlassenen Speck oder anderes Fett dazugeben.

Wirsingeintopf schmeckt am Besten mit Fleisch und in Fleischbrühe gekocht.

Sauerkraut
(durcheinander)

Zutaten: Kartoffel, Sauerkraut, Eisbein, Speck u. Zwiebel.

Das Eisbein wird zuerst gewaschen u. mit Wasser vorgekocht etwa 1 Stunde. Dann werden die klein geschnittenen Kartoffel abwechselnd lagenweise mit Sauerkraut im Topf gegeben zum Garen. Anschießend wird Speck ausgelassen und mit Zwiebel gebräunt alles durcheinander gemischt und der Eintopf ist fertig. Als Beilage das Eisbein.

Graupeneintopf

4 Personen

150 g	Graupen
1 l	Wasser
½ kg	Rindfleisch
1/2	Sellerie
2	Möhren
2 Stg.	Porre
2	Zwiebeln
250 gr	Kartoffeln, Salz u Petersilie

Die eingeweichten Graupen werden mit dem Rindfleisch 1 Stunde gekocht, dann gibt man die kleingeschnittenen Kartoffeln und Gemüse hinzu, läßt das Gericht gar werden und schmeckt es mit Salz und Petersilie ab.

Schnittlauch-Gemüse

1 kg Kartoffel, 4 Bund Schnittlauch
Salz, Sahne oder zerlassenen Speck.
Kartoffeln kleinschneiden und fast weichkochen, Salz und den in etwa 1 cm kleingeschnittenen Schnittlauch hinzugeben und kurz noch einmal kochen lassen. Die Sahne, oder den zerlassenen Speck hinzugeben. Etwas durchrühren, damit das Gemüse etwas sämig wird. Als Beilage gibt es gekochten oder rohen Schinken.

Grünkohl mit Mettwurst

1 1/4 kg Grünkohl
3/4 ℔ geräucherten Speck oder Wurst
1+2 Zwiebeln
1/2 l Wasser
1/2 kg Kartoffeln
1 Teelöffel Salz u. 1. Prise Zucker

Den abgestreiften u. gewaschenen Grünkohl läßt man in einem erhitzten Topf (Wasser) zusammenfallen. Dann wird er gehackt und mit Wurst, Kartoffeln, Gewürzen in den Topf gegeben. Sind Wurst und Speck nicht fett genug gibt man noch etwas Schmalz hinzu.
Alles zum Kochen bringen und etwa 50 – 60 Minuten weitergaren.

Grünkohleintopf

Zutaten:

1½ kg Grünkohl, 60 gr. Schmalz
Wasser, Salz, Pfeffer, 4 geräucherte
Mettendchen, 500 gr. fr. Bratwurst
250–500 gr. frischen Bauch, 1 kg
Kartoffeln. Winterbirnen

Zubereitung

Grünkohl schneiden, waschen u.
gut abkochen, Wasser wegschütten
Wurst u. Fleisch mit Gewürzen
gut halbgar kochen, Kartoffeln
(klein geschnitten) Grünkohl
und Winterbirnen ganz u. ungeschält
dazugeben u. alles zusammen
garkochen, dann alles gut
durchrühren.

Stielmuseintopf:

750g Rindfleisch (Hohe Rippe), 1kg Stielmus, Salz, Pfeffer, 750g Kartoffeln, 2 Eßlöffel Butter, 1 Eßlöffel Mehl, 1 Eßlöffel Milch

Das Fleisch wird in Salzwasser etwa 60 Minuten langsam gekocht, bevor man das Stielmus, das vorher sehr gründlich gewaschen u. ganz fein geschnitten wurde, in die Brühe gibt.
Nachdem dies gut durchgekocht ist, fügt man die kleingeschnittenen Kartoffeln hinzu u. gart alles zusammen noch weitere 15 Minuten.
In der Zwischenzeit bereitet man aus Butter, Mehl u. Milch einen Kloß, legt ihn oben auf das Gemüse u. läßt ihn zerkochen. Der Eintopf wird mit Salz u. Pfeffer abgeschmeckt.

Fleischgerichte

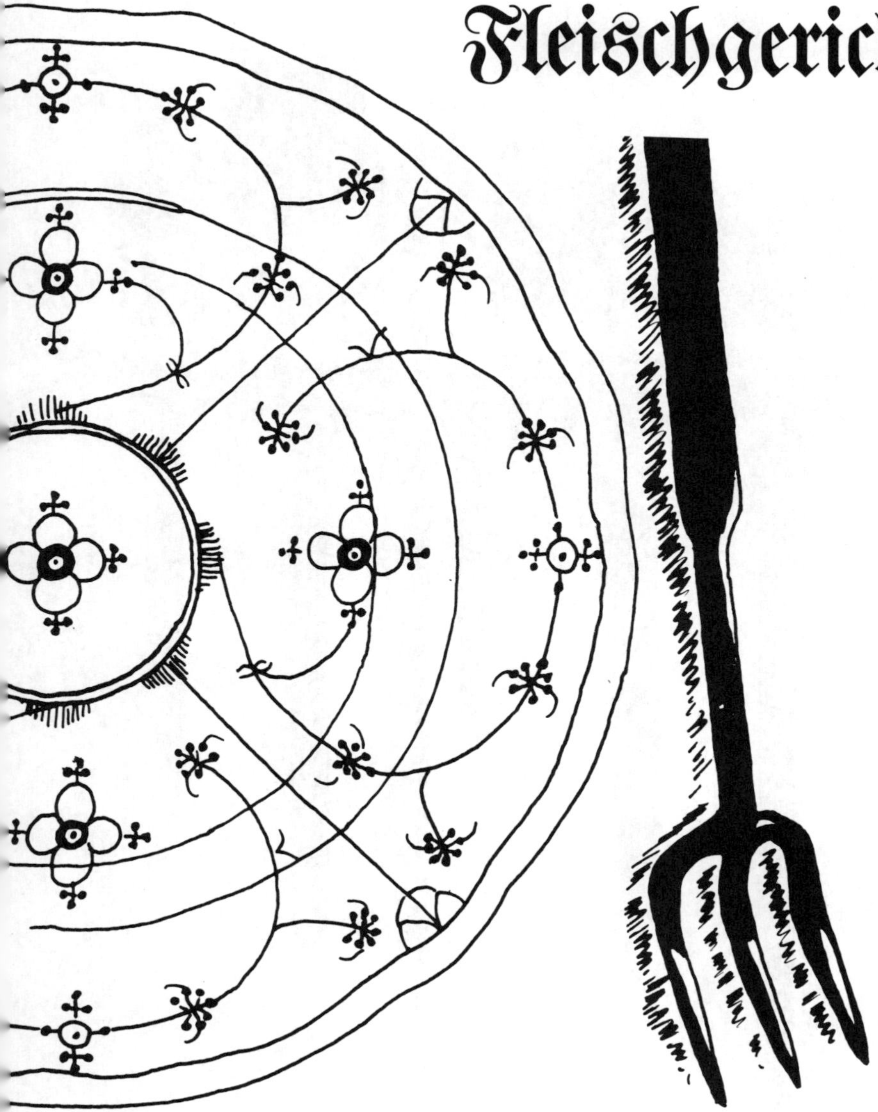

Schweinebraten

Zutaten:
Schweinefleisch, Fett, Salz, Pfeffer, Zwiebel, Lorbeerblatt und Mehl

Das Fleisch wird zuerst gewaschen und kurz abgetrocknet. Dann wird es mit Salz und Pfeffer eingerieben und von allen Seiten braun angebraten. Danach gibt man 1 Zwiebel, 1 Lorbeerblatt und etwas Wasser hinzu und läßt den Braten unter ständigem Begießen gar werden. Zur Soße läßt man Mehl in dem Bratfett schwitzen und mit etwas Wasser aufkochen.

Rinderbraten

3 Pfund Rindfleisch (aus der Keule oder Oberschall)
Salz, Öl, Senf, Pfeffer, 4-5 kl. Zwiebeln

Gut abgehangenes Fleisch kurz abwaschen oder abreiben, gut abtrocknen, erst in letzter Minute vor dem Braten salzen und pfeffern, mit Öl und Senf einreiben und von allen Seiten in heißem Fett anbraten. Danach wird in regelmäßigen Abständen etwas heißes Wasser zugegossen und nach der halben Bratzeit die Zwiebeln zugegeben, und in etwa 2 Stunden fertiggeschmort. Der Braten wird herausgenommen und 1/4 Stunde zugedeckt warmgestellt. Der Bratensaft wird abgelöscht und durchgeseiht und mit angerührtem Mehl gebunden.
Zur Verfeinerung kann man auch Sahne und Rotwein nehmen.

Sauerbraten (vom Schweinenacken) in Gurkenessig.

1 kg Schweinenacken
3 - 4 Lorbeerblätter
4 - 5 dicke Zwiebel
2 - 3 kl. Nelken - Pfefferkörner
Gurkenessig

Man lege den Schweinenacken in eine Schüssel oder Topf, gieße den übrig gebliebenen Essig von eingemachten Gurken darüber. Die Lorbeerblätter, die in Scheiben geschnittenen Zwiebeln und Pfefferkörner dazu, lasse Ihn 3 - 4 Tage in der Lauche ziehen, inzwischen öfter wenden.

Sülze zum Einlegen des Sauerbratens

Zu 10 Pfd. Fleisch $\frac{1}{4}$ l Essig mit 3 l Wasser vermischt, Zwiebel, Petersilie, Sellerie ganzes Gewürz u. Pfeffer, Salz u. Lorbeerblätter, läßt dasselbe aufkochen stellt es kalt u. giebt das Fleisch hinein. Läßt es im Winter 8-10 Tage, im Sommer 3-6 Tage stehen. Nach der Zeit nimt man das Fleisch heraus, spickt es, giebt es in steigende Butter mit Zwiebel, kleingeschnittenen Schwarzbrot, läßt es braun braten u. gießt dann das nötige Wasser dazu. Ist es halb weich, gießt man noch u. noch saure Sahne daran, läßt sie dunkelbraun kochen bis das Fleisch weich u. braun ist. Gießt die Sauce durch ein feines Sieb, u. giebt das Fleisch wieder zurück in die Sauce, damit es nicht vertrocknet.

Sülze zum Einlegen des Sauerbratens

Zu 10 Pfd Fleisch, 1/4 l Essig mit 3 l Wasser vermischt, Zwiebel, Petersilie, Sellerie ganzes Gewürz u. Pfeffer, Salz und Lorbeerblätter, läßt dasselbe aufkochen stellt es kalt und gibt das Fleisch hinein. Läßt es im Winter 8 - 10 Tage, im Sommer 3 - 6 Tage stehen. Nach der Zeit nimmt man das Fleisch heraus, spickt es, gibt es in steigende Butter mit Zwiebel, kleingeschnittenem Schwarzbrot, läßt es braun braten u. gießt dann das nötige Wasser dazu. Ist es halb weich, gießt man nach u. nach saure Sahne daran, läßt sie dunkelbraun kochen bis das Fleisch weich und braun ist. Gießt die Sauce durch ein feines Sieb, und giebt das Fleisch wieder zurück in die Sauce, damit es nicht vertrocknet.

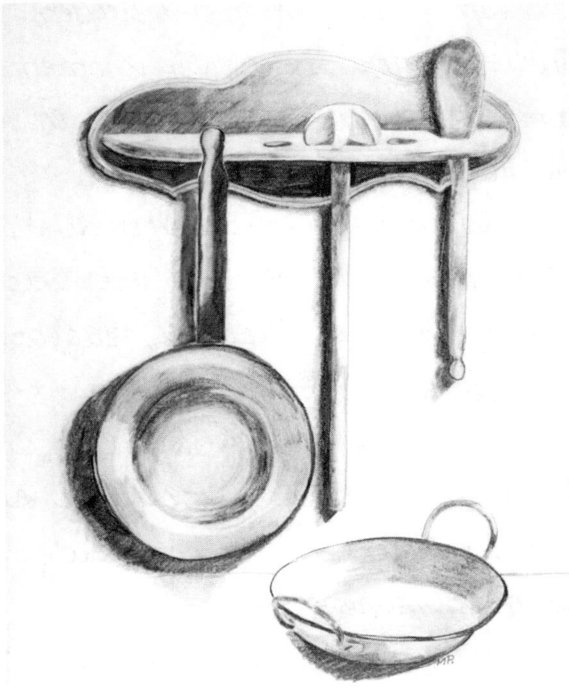

Rindfleisch mit Zwiebelsauce

Es eignen sich am besten Stücke vom Vorderteil, Brust, hohe oder flache Rippen zum Kochen.
Das Fleisch mit kochendem Wasser aufsetzen und mit Salz und Suppengrün 2-3 Stunden langsam kochen.
Bis zum Anrichten in der heißen Brühe liegen lassen. Die Knochen vom Fleisch trennen, bevor es in die Tunke gegeben wird.
Die Zwiebelsauce wird hergerichtet, indem man Zwiebel in Butter weich dünstet und das Mehl hinzugibt und garschwitzt. Die Mehlschwitze mit der Fleischbrühe auffüllen und die Sauce mit Essig, Salz und Zucker abschmecken. Sie kann auch mit einem Ei abgezogen werden.
Als Beilagen eignen sich Gurken oder Salate.

Gekochtes Rindfleisch

750 g Rindfleisch
oder Rinderbrūst
1 Būnd Sūppengrün

1 Zwiebel
1 Ltr. Wasser
Salz

Das Fleisch mit dem Suppengrün (1 Möhre, 1 Stange Porré, 1 Scheibe Selleré oder zūsammengebūndenes Selleriegrün), der ganzen Zwiebel ūnd Salz in das kochende Wasser geben. Bei milder Hitze etwa 2 Stūnden kochen.
Dazū: Meerrettich oder Kräutersoße

Rinder-Rouladen

Man nehme vier Scheiben Rindfleisch, Salz, Pfeffer, Senf und gehackte Zwiebel, 50 g Fett, 50 g fetten Räucherspeck, Fleischbrühe und Mehl.

Fleischscheiben vorsichtig klopfen, Scheiben salzen, pfeffern und dünn mit Senf bestreichen. Mit gehackten Zwiebeln, Essiggurkenstreifen oder Mettwurst füllen. Von der Schmalseite her zusammenrollen. Mit gebrühtem Faden umwickeln. In heißem Fett von allen Seiten bräunen. Mit Brühe angießen und im zugedeckten Topf schmoren lassen. Wenn die Rouladen gar sind, herausnehmen und warm stellen. Die Soße mit Mehl binden und mit saurer Sahne legieren.

Rippchen

1 kg Rippchen, Schmalz oder Fett, Salz, Pfeffer, Zwiebeln und etwas Mehl zum Binden.

Fett erhitzen und die gewürzten Rippchen darin von beiden Seiten braten. Danach die kleingeschnittenen Zwiebeln dazugeben. Man löscht mit Wasser ab und schmort die Rippchen gar. Die Soße wird mit Mehl gebunden und abgeschmeckt. Salzkartoffeln und grünen Salat schmecken gut dazu.

Der Pfeffer - Potthast

Ein sehr altes typisches Westfälisches Gericht, was man zu Festtagen gern kochte.

Zutaten:

750 g Rindfleisch, 1/2 l Wasser, Salz, 3 grob geschn. Zwieb.
1 Teel. Pfefferkörner 2 Lorbeerblätter 5 Nelken
50 g Magarine 40 g Mehl 2 Eßl. Kapern
2 Eßl. Essig

Das gewaschene Fleisch mit den Gewürzen zum Kochen bringen dieses dauert ca. 1 1/2 Std. Das Fleisch dann in kl. Würfel schneiden, die Brühe durchsieben und 1/2 l davon abmessen.
Für die Sosse die Magarine zerlassen und Mehl darin erhitzen bis sie hellgelb ist. Brühe hinzugießen und mit einem Schneebesen durchschlagen. Soße zum Koch bringen und 10 Minuten ziehen lassen. Die Kapern unterrühren, Soße mit Essig abschmecken und das Fleisch hinein geben.

Mit Pellkartoffeln und Preiselbeeren reichen

Schweinepfeffer

Pfötchen, Ohren, Rüssel, Rippenendteile u. dgl. kleine Teile lassen sich hierzu verwenden. Das Fleisch schneidet man in viereckige Stückchen, kocht es mit 2 Lorbeerbl. und einer ganzen Zwiebel, Pfefferkörnern und Salz in kurzer Brühe gar, schwitzt Mehl mit Butter und Fett braun, rührt es mit der Brühe auf, gibt Essig, einige Eßl. Kraut, nach Geschmack etwas Zucker und nötigenfalls noch Gewürz hinzu. Nimmt man gekochte Pflaumen, so bleibt das Kraut weg. Man reiche abgekochte Kartoffeln dazu.

Schweinepfeffer

Pfötchen, Ohren, Rüssel, Rippenendteile u. dgl. kleine Teile lassen sich hierzu verwenden. Das Fleisch schneidet man in viereckige Stückchen, kocht es mit 2 Lorbeerbl. einigen Zwiebeln, Pfefferkörnern u. Salz in kurzer Brühe gar, schwitzt Mehl mit Butter und Fett braun, rührt es mit der Brühe auf, gibt Essig, einige Eßl. Kraut, nach Geschmack etwas Zucker und nötigenfalls noch Gewürz hinzu. Nimt man gekochte Pflaumen, so bleibt das Kraut weg. Man reiche abgekochte Kartoffeln dazu.

Gulasch

250 g Rindfleisch, 250 g Schweinefleisch, 500 g Zwiebeln, Salz, Pfeffer, 3 Nelken, 1 Lorbeerblatt und Fett zum anbraten.

Fleisch in Würfel schneiden und in Fett anbraten. Zwiebeln abschälen und kleinschneiden (am besten draußen im Freien) und dazugeben; ebenso die Gewürze.
Man füllt mit etwas Wasser auf und läßt das Fleisch 1 1/2 - 2 Stunden schmoren. Dann dickt man mit Mehl an und schmeckt ab.

Westfälischer Rosenkranz

Man nehme ein großes Stück Bratwurst, etwa 1.50 Meter, und lege es in eine große Bratpfanne und brate in heißem Fett.
Bratwurst erst überbrühen oder einige Male mit einer spitzen Gabel einstechen.

Eisbein mit Sauerkraut..

2 Pfund Eisbein
1 ltr. Flüssigkeit
2 Äpfel, 1 Zwiebel

$1\frac{1}{2}$ Pfund Sauerkraut
5 Wacholderbeeren
Salz und Zucker
1 rohe Kartoffel

Das Eisbein in der kochenden Flüssigkeit etwa $1\frac{1}{4}$ Stunde kochen.
Das Sauerkraut dazugeben und das Eisbein oben auflegen.
Die Wacholderbeeren, die geschnittene Zwiebel und die geschälten, in Scheiben geschnittenen Äpfel dazugeben und noch etwa $\frac{3}{4}$ Stunde kochen.
Mit Salz und Zucker abschmecken.
Die Flüssigkeit mit einer rohen, geriebenen Kartoffel binden.

Frikadellen, Bällchen

250 gr Rindfleisch, 250 gr Schweinefleisch, eine große Zwiebel, ein altes Brötchen oder Brot, Haferflocken, 1 Ei, Salz u. Pfeffer nach Geschmack, Paniermehl oder geriebenes Brot.

Das Fleisch wird im Fleischwolf zerkleinert, die Zwiebel feingerieben, Haferflocken, Ei, Salz und Pfeffer und das eingeweichte, gut ausgedrückte Brötchen, zugegeben, durchgemengt und zu 4 oder 8 Fleischbällchen geformt, in Paniermehl gewälzt und in heißem Fett von beiden Seiten gebraten.

Schmeckt zu Allem!

In Notzeiten hat man die Frikadellen mit gekochten Kartoffeln oder eingeweichtem Brot verlängert.

Töttchen.

Kalbfleisch vom Kopf, einige Zwiebeln,
Wasser, 1 Lorbeerblatt, 3 Nelken, Salz, Senf
Essig, Zucker, etwas Fett und Mehl für Soße.

Das Fleisch etwa 90 Minuten mit den Zutaten kochen, das Fleisch herausnehmen und in Würfel schneiden.
Die durchgeseihte Fleischbrühe mit Mehl andicken und mit Salz, Senf, Zucker und Essig abschmecken und das gewürfelte Fleisch dazugeben.
Dazu gibt es Weißbrot oder Brötchen.

Töttchen (Original)

Zutaten. 1 Kalbskopf, 1 Lunge, Herz, Wasser, Salz, 10 Pfefferkörner, 2 Nelken, 2 Zwiebeln, 1 Lorbeerblatt, 40 g Butter, Zwiebeln, ½ l Fleischbrühe, 40 g. Mehl, Essig, Zucker

Zubereitung. Der Kalbskopf wird gut gereinigt, mit Lunge und Herz in kochendem Salzwasser aufgesetzt und mit den Gewürzen etwa 3 Stunden gekocht. Das Fleisch aus der Brühe nehmen und kleinschneiden. Die 4 Zwiebeln würfeln, in Butter glasig schmoren, mit Mehl und Brühe zu einer Soße binden und das Fleisch darunterheben. Das Töttchen wird scharf und süß-sauer abgeschmeckt. Dazu reicht man ein Brötchen oder frisches Bauernbrot, Worcestersoße und Zitronenschnitze zum Nachwürzen. Das Töttchen wird in tiefe Teller serviert. Man verrührt 1 Teelöffel Senf im Teller mit dem Töttchen.

Töttchen

Zutaten:

1 Kalbskopf, oder 750 gr Kalb-
fleisch u. ein paar Knochen,
Wasser, Salz, 10 Pfefferköner,
3 Nelken, 4 Zwiebeln, 2 Lorbeerblätter
50 gr Butter 4 Zwiebeln, Kochbrühe
50 gr Mehl, Senf, Essig, Zucker –

Zubereitung

Das Fleisch kocht man mit den Gewürzen 3 Std. Läßt es erkalten, schneidet es klein. Inzwischen läßt man die Zwiebel in der Butter glasig werden, füllt mit Brühe auf und dickt mit Mehl an, schmeckt mit Essig, Zucker, Senf ab und gibt das klein geschnittene Fleisch hinein. Dazu ißt man trockene Brötchen

Gebratene Leber

4 Scheiben Leber (etwa 400 gr) Mehl,
1 große Zwiebel, 60 gr. Butter, Salz.

Zwiebel schälen und in Ringe schneiden, in heißem Fett anbraten und warmstellen. Die Leberscheiben werden leicht in Mehl gewälzt und 4 Minuten, unter dauerndem Begießen, von jeder Seite gebraten.
Leber erst nach dem Braten salzen.
Auf einer vorgewärmten Platte anrichten und mit Zwiebelscheiben garnieren, den Bratensaft darüber verteilen.
Gut dazu passen auch gebratene Apfelscheiben.

Zwiebel können auch während der halben Bratzeit dazugegeben werden, man legt dann jedoch den Deckel auf und gießt etwas Wasser an.
Leber muß heiß und sofort gegessen werden.

Geflügel
Wild
Fisch

Huhn im Reisrand

Huhn mit Salz und Wurzelwerk kochen. Suppe abschöpfen und Reis darin quellen lassen.
Platte anrichten: Huhn mit holl. Soße in die Mitte geben; dann von Reis einen Rand um das Huhn herum anrichten.
× Ach bitte, das Huhn vorher von den Knochen befreien und das Fleisch kleinschneiden.

Hühnerfrikassee im Reisrand.

Zutaten. 1 gek. Huhn, 500 g. Spargel in Stücken, 3/8 L. Brühe, 60 g. Mehl, 60 gr Butter 1/8 L Sahne, Salz, Zitronensaft - 250 g Reis, 2 L Wasser, 1½ Tee. Salz.

Zubereitung. Das gekochte Hühnerfleisch in große Würfel schneiden. Den Spargel schälen, in Stücke schneiden und in Salzwasser mit einem Stück Butter weich kochen. Inzwischen die Butter zerlassen, das Mehl hineinstreuen und leicht anschwitzen. Nach und nach mit der Brühe ablöschen bis eine sämige Soße ~~entsteht~~ entsteht. Fleisch und Spargel in die Soße geben und mit Zitronensaft und Salz pikant abschmecken. Den Reis ausquellen lassen und auf einen großen runden Teller stürzen. Ragout mit Petersilie garnieren.

Hasenpfeffer

750 g Hasenfleisch Vorderbein, Bauchlappen, Rippchen, Hals, Kopf, Herz, Lunge, Leber, 50 g Butter, 40 g durchwachsener Speck in Scheiben, 2 Zwiebeln gewürfelt, ½ L Wasser oder Fleischbrühe, Salz, 3-4 Nelken, 8 Pfefferkörner, 1 Lorbeerblatt, 1 Eßl. Zucker, 1 Eßl. Mehl, etwas Essig

Das Hasenfleisch abtrocknen, Speck und Zwiebeln kurz in Butter anbraten, das Fleisch dazugeben und schön braun anbraten. Mit Wasser oder Brühe ablöschen, ½ Teel. Salz zugeben und aufkochen lassen. Dann die Gewürze zugeben und alles so lange schmoren, bis das Fleisch weich ist. Die Soße mit Mehl binden. Mit Essig und Zucker süß säuerlich abschmecken. Der Hasenpfeffer soll dunkel aussehen. Dazu reicht man Nudeln oder Salzkartoffeln und Rotkohl. Geben Sie 2 Eßl. Pflaumenmus in das fertige Gericht.

Und hinterher Bratäpfel mit Vanillesoße!

Hasenbraten

Nachdem der Hase eine Woche im Fell gehangen hat, wird er abgezogen und ausgenommen und zerlegt.
Anschließend legt man ihn für einen Tag in Buttermilch oder man legt ihn in eine Essigtunke (halb Essig, halb Wasser).
Die Hasenteile werden gesalzen und gepfeffert und ins heiße Fett gegeben und von allen Seiten gut gebraten. Einige Male wird etwas heißes Wasser zugegeben und der Hase fertiggeschmort. Je nach Größe dauert die Schmorzeit 60-90 min.
Man richtet den Braten auf einer vorgewärmten Platte an. Die Soße bindet man mit Sahne und schmeckt ab.
Zu Wild gehört unbedingt ein Glas Rotwein.

Gebratener Fasan

1 Fasan, Salz, 125 g Speck, 1/4 l. Wasser, evtl. 1/4 l. saure Sahne, 2 Eßl. Mehl

Den gut vorbereiteten Fasan von innen salzen und von außen mit Speckstreifen umlegen und mit Speckstreifen festbinden. Den Fasan in einen Bratentopf legen, den man zuvor gut mit Wasser ausgespült hat; eine Stunde lang läßt man den Fasan im Backofen backen. Man löscht mit Sahne und Wasser ab und bindet mit Mehl ab.

Wildente „Jägerart"

2 küchenfertige Wildenten, Salz, Pfeffer, Majoran, 2 frische Sellerieblätter, 4 Speckscheiben, 100 g Butter, 1/8 l Weißwein, 2 Eßl. saure Sahne, 250 g Pfifferlinge, 50 g durchwachsener Speck gewürfelt, 2 Zwiebeln

Die Enten salzen und mit Pfeffer und Majoran bestreuen. Die Sellerieblätter werden in die Enten gegeben. Mit Speck umwickelt und angebraten. Etwas Wasser angießen und die Enten weich schmoren. Nach etwa 30 Minuten sind sie gar. Die Soße wird mit Mehl oder Speisestärke gebunden, mit Sahne und etwas Weißwein verfeinert. Getrennt von den Enten werden die Pfifferlinge in Speck und Zwiebeln angebraten und dann in die fertige Soße gegeben. Die Enten werden auf diesem Pilzbett angerichtet. Man reicht dazu Scheibenkartoffeln, frisch gekochtes Apfelmus und Preiselbeerkompott.

Gebratenen Fisch

1 kg Fisch, Zitronensaft oder Essig
Salz, 1 Ei, Pfeffer, 30 gr. Mehl, 40 gr.
Paniermehl, Fett zum Ausbacken.

Der Fisch wird in Portionen geschnitten und mit Zitronensaft oder Essig beträufelt. Das Ei schlägt man mit der Gabel auf einen tiefen Teller, salzt und pfeffert den Fisch und wälzt ihn zuerst in Ei, dann in Mehl und Paniermehl. In heißem Fett wird der Fisch von beiden Seiten gebraten. Dazu gibt es Salzkartoffel mit Senfsoße und grünem Salat.

Gekochter Fisch

2 Pfd. Fisch (Kabeljau oder Schellfisch)
1/2 l Salzwasser, 1 Bund Suppengrün,
1 Zwiebel, 1/4 l Weinessig, 6 Pfefferkörner,
2 Lorbeerblätter, etwas Dill und Petersilie.

Den Fisch ausnehmen und waschen, abtrocknen, in Portionsstücke schneiden, mit Zitronensaft oder Essig beträufeln und 1/4 Stunde stehen lassen.
Die Fischstücke abtrocknen u. mit Salz bestreuen.
Das Wasser mit den Zutaten zum Kochen bringen, den Fisch in ein Sieb legen oder in ein dünnes Tuch wickeln und 15-20 Min. in dem Sud garziehen lassen.
Den Fisch warm stellen.
Aus dem Sud eine Soße herstellen.
Petersilie und Dill feinhacken und unterrühren.
Auf einer vorgewärmten Platte den Fisch anrichten und mit Soße übergießen.

aus Großmutters Kochbuch

Gekochter Kabeljau.

Der Fisch wird geschuppt, die Flossen abgeschnitten, geputzt und kurz gewässert. Dann wird er in kochendem Salzwasser, dem man etwas Milch, Pfefferkörner und Nelken zugesetzt hat, 5 Minuten langsam bei offenem Topf gekocht.
Danach läßt man ihn zugedeckt garziehen.
Man verziert mit Petersilie.

Schellfisch wird ebenso zubereitet.
Dazu reicht man zerlassene Butter, Senf oder Sardellensoße.
Um das Zerfallen des Fisches beim Kochen zu verhindern, gibt man den Fisch in ein dünnes Tuch.

Gedünsteter Fisch.

2 Pfd Fisch, Essig, Zitrone, Salz und Fett.

Den Fisch waschen, von der Innenhaut befreien, innen und außen salzen, mit Essig oder Zitronensaft beträufeln und eine halbe Stunde stehen lassen.
Den Fisch dann gut abtrocknen, und ganz oder in Stücke geteilt, in einen gefetteten heißen Kochtopf geben.
Nun etwas Wasser zugießen und den Topf fest verschließen.
Auf kleiner Flamme 25-35 Minuten gardünsten lassen.
Fischplatte vorwärmen, Fisch vorsichtig darauf legen, und mit Ei und Petersilie garnieren.
Dazu eine Kräutersoße, Dill oder Buttersoße reichen.

Heringe einlegen.

10 Heringe 24 St. wässern dann säubern.
Für die Tunke nimmt man 1 Glas Majonäise, mit 1 Becher Sahne verrühren. Dill dazu geben Heringe schichtweise einfüllen mit viel Zwiebel Man kann auch geschnittene Äpfel dazu geben.

Eingelegte Heringe. 1946

10 Salzheringe werden gesäubert und einen Tag in Wasser gelegt, das man öfter erneuert. Die Heringe werden in eine Porzellan-Terrine gelegt und mit einer Marinade aus ½ Essig, ½ Wasser, Lorbeerblatt, Pfefferkörner, Nelken und Wacholderbeeren übergossen. Eine Schicht mit Zwiebelringen wird noch oben aufgelegt. In den nächsten Tagen kann man dann Hering mit Pellkartoffeln essen.

Rollmöpse.

Die eingelegten Heringe werden entgrätet. Man füllt die Heringe mit einer eingelegten Gurke, evtl. auch mit Zwiebelringe, rollt den Hering auf und steckt den Mops mit einem kl. Holzspieß fest. In der Fastenzeit wurde oft Fisch gegessen.

Gebratene Heringe

4 frische grüne Heringe, 30 gr. Mehl, Salz, Fett zum ausbacken.

Die frischen grünen Heringe werden gesäubert und gesalzen, in Mehl gewälzt und in Fett gebraten.

Bratheringe, sauer eingelegt.

4 gebratene Heringe werden nach dem Erkalten mit einer Marinade aus 1/2 Essig 1/2 Wasser übergossen, dem man 1 Teelöffel Gurkengewürz und Zwiebelringe zugegeben hat.

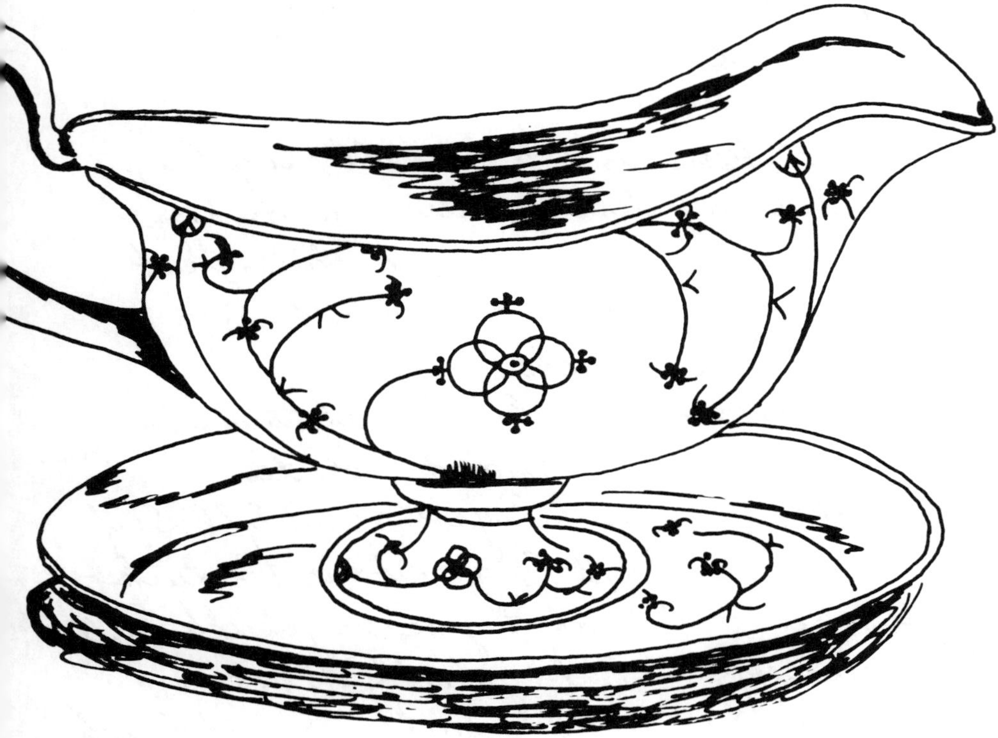

Soßen

Helle Grundsoße zu Fleisch und Fisch

2 Eßlöffel Fett ½ l Flüssigkeit
2 Eßlöffel Mehl Salz

Fett erhitzen und das Mehl zugeben, kräftig mit dem Schneebesen rühren und nach und nach die Flüssigkeit einrühren, bis die Soße glatt ist, dann Salz zugeben.
Durch verschiedene Geschmackszutaten kann die Soße verändert werden.

Senfsoße: Durch Zugabe von 2 Eßl. Senf, 2 Eßl. Essig o. Zitrone, 1 Pr. Zucker
Dillsoße: Durch Zugabe von gehacktem Dill
Petersiliensoße: 3 Eßl. gehackte Petersilie
Schnittlauch: 3 Eßl. gehackten Schnittlauch
Kräutersoße: 3 Eßl. gehackte, gemischte Kräuter
Meerrettichsoße: Helle Grundsoße, ½ Wasser ½ Milch, 2 Eßl. Meerrettich
Fenchelsoße: Helle Grundsoße, 1 Eßl. Meerrettich, geriebenen Fenchel

Mit Sahne läßt sich jede Soße verfeinern.

Helle gebundene Soßen zu Gemüse

2 Eßlöffel Fett, 1/4 Ltr. Gemüsewasser,
2 Eßlöffel Mehl, 1/4 Ltr. Milch,
Salz und Muskat

Fett erhitzen und das Mehl zugeben, kräftig mit dem Schneebesen rühren und mit Gemüsewasser ablöschen. Dann langsam die Milch unterrühren bis die Soße glatt ist, erst dann Salz und Muskat zugeben.

Diese Soße eignet sich zu:
Blumenkohl, Rosenkohl, Weißkohl, Wirsing, Kohlrabi, Spinat, Mangold, Melle, Schwarzwurzel und Porree.

Großmutters Senfsoßen

Zutaten:

40g Fett
40g Mehl
1/2 l Wasser
1 Eßl. Senf
Salz
1 Prise Zucker
etwas Essig

Man bereitet eine Grundsoße und schmeckt mit den angegebenen Zutaten ab.

Kalte Senfsoße (zu Sülzen)

Fertige Majonaise wird mit Senf, Pfeffer, Salz und Zwiebel, Zucker und Wein abgeschmeckt. Durch Zusatz von fein gehackten, hart gekochten Eiern kann man die Soße verfeinern.

Saure Specksoße

Zutaten:

50 g Speck
2 Zwiebeln
Mehl
Wasser
Salz und Pfeffer
Essig

Speck in kleine Würfel schneiden und ausbacken. Zwiebel auch kleinschneiden und hellgelb dünsten. Nun rührt man etwas Mehl ein und füllt mit Wasser auf. Danach schmeckt man mit Salz, Pfeffer und Essig ab.

Buttersoße zu Fisch

1 Eßl. Butter
1 Eßl. Mehl
1/4 l. Wasser
1/4 Pfund Butter
1 Eigelb
Salz und Zitrone

Man läßt 1 Eßl. Butter schmelzen, gibt 1 Eßl. Mehl dazu und löscht danach mit Wasser ab. Man zieht 1/4 Pfund Butter unter, legiert mit Eigelb und schmeckt mit Salz und Zitrone ab.

Soße zu Rohkost (Salat)

5 Eßlöffel Milch, Dosenmilch oder Sahne
1 Eßlöffel Zucker, 1 Eßl. Öl, Salz u. Pfeffer,
2 Eßlöffel Essig oder Zitrone
Alles in eine Glasschüssel gut ver-
mischen und das gewaschene rohe
Gemüse dazugeben und durchmengen.

Kopfsalat: in mundgerechte Stücke teilen.
Endiviensalat, Rotkohl, Weißkohl,
Wirsing sehr fein schneiden, etc.
Rohkost vorher etwas stampfen.

Kräuter (Petersilie Schnittlauch Dill)
können nach Geschmack feingehackt
dazu gegeben werden.

Salat kann auch ohne Milch, Dosen-
milch und Sahne angemacht werden.

Majonnaise

2 Eigelb — 1/4 l Öl
1 Löffel Senf — Zucker u. Salz

Das Eigelb wird mit Salz und Senf gut verrührt und das Öl langsam tropfenweise dazugegeben. Es wird solange geschlagen bis die Majonnaise kremig ist.
Zur Verlängerung aus 1. Löffel Butter, 1. Löffel Mehl u 1/4 l Milch eine Soße machen und abgekühlt zur Majonnaise geben.

Kräuter Majonnaise

1/2 l Milch — 1 Eßl. Senf
1 Eßl Mehl — 1 Eßl. geriebene Zwiebel
1 Ei, Salz, Zucker — 1 Eßl gehackte Kräuter

Alle Zutaten gut miteinander vermischen und unter dauerndem Schlagen erhitzen bis die Majonnaise dicklig ist.
Majonnaise kann heiß über Kartoffeln und Gemüse gegeben werden.

Mehlspeisen Eierspeisen

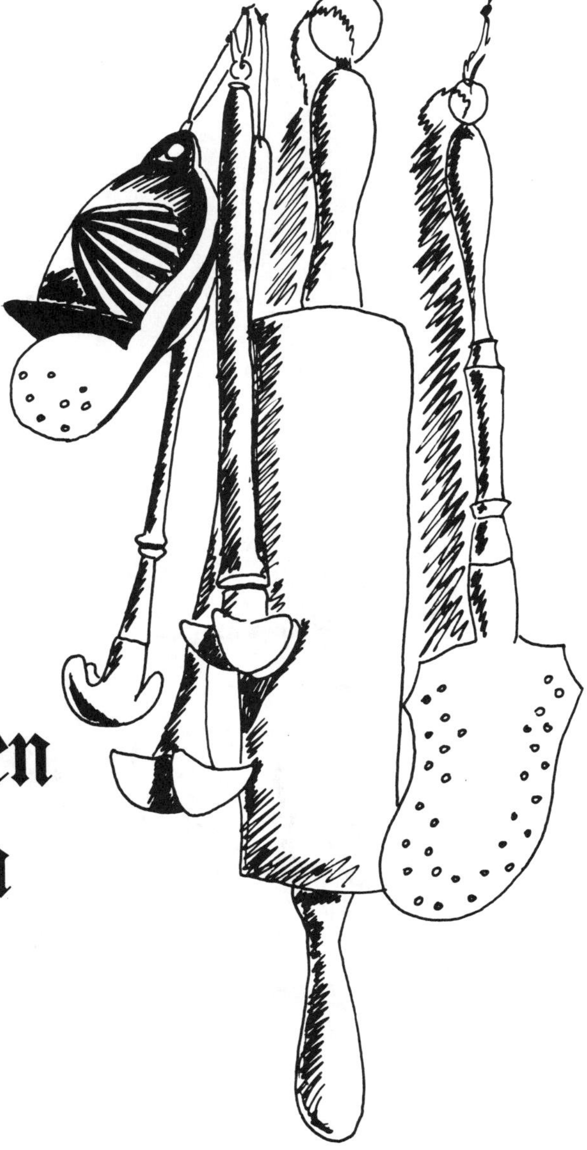

KRUPS
AZUR
WEIZENMEHL
TYPE 405

Strauwen.

Zutaten:

500 gr Mehl, 4 Eier, 3/8 l. Milch
40 gr Hefe, 2 Eßl. Zucker, Salz
125 gr Rosinen, Fett z. backen

Zubereitung:

Man läßt die Hefe mit etwas lauwarmer Milch aufgehen
Das Mehl gibt man in eine Schüssel, die aufgegangene Hefe und die anderen Zutaten hinzu, rührt es dann mit der lauwarmen Milch an. Diesen Teig läßt man dann noch wieder fast eine Stunde aufgehen.
Backt dann in der Pfanne in heißem Fett runde Plätzchen

Karfreitagsgericht

Stewwerter Struwen nach Omas Rezept

Zutaten: 1 Pfd. Mehl, 40 g Hefe, 3/8 l Milch, 2 Eier, 1 Teel. Salz, 2 Eßl. Zucker, etwas Butter, 1/4 Pfd. Rosinen, Fett zum Backen

Zubereitung: Hefe in Milch anrühren u. zum Mehl geben, vermengen und ca. 15 Min. aufgehen lassen. Restliche Zutaten einrühren u. alles zu einem Teig verarbeiten. Nochmals aufgehen lassen. In der Pfanne zu kleinen Kuchen backen. Mit Zucker bestreuen.

Guten Appetit!

Karfreitags-Essen

Mehlpfannkuchen:

250 g Mehl, ½ l Milch, 2 Eier,
½ Teelöffel Salz, Schmalz
oder Öl

Die Eier mit Salz verschlagen, abwechselnd Mehl u. Milch zugeben und zu einem glatten Teig rühren. Der Teig muß ½ Stunde quellen. Etwas Fett wird in der Pfanne erhitzt. Man läßt eine Suppenkelle voll Teig in die Pfanne laufen und backt den Teig von beiden Seiten goldgelb aus.
Man kann diesen Pfannkuchen auch als Obstpfannkuchen zubereiten. (Äpfel, Pflaumen, Blaubeeren, Johannisbeeren usw.)

Auf den Höfen des Münsterlandes wird Mehlpfannkuchen oft mittags u. abends anstelle von Fleisch zum Essen gereicht.

Pflaumenpfannkuchen

Zutaten: Mehl, Zucker, Eier, Salz, Milch, Backpulver und Pflaumen.

Aus den Zutaten einen Pfannkuchenteich herstellen, und in die Pfanne geben. Halbierte Pflaumen in den Teich drücken und backen. Zum Wenden einen Topfdeckel benutzen und Pfannkuchen herum drehen dann langsam in die Pfanne gleiten lassen.

Den fertigen Pflaumenpfannkuchen wird dann mit Zucker bestreut.

Buchweizenpfannkuchen

Zutaten: 500 g Buchweizenmehl,
3/4 l Milch, 4 Eier, Salz,
250 g durchwachsener Speck,
Schmalz

Zubereitung: Aus Buchweizenmehl, Eiern, Salz und Milch wird ein dickflüssiger Teig bereitet und ca. 5 Stunden beiseite gestellt zum Quellen. Der Speck wird in dünne Scheiben geschnitten und mit dem Schmalz in der Pfanne ausgebraten. Darauf gibt man eine kleine Kelle Teig in die Pfanne und brät die Pfannkuchen auf beiden Seiten braun aus.

Feinschmecker essen zum Buchweizenpfannkuchen Sirup oder Bickbeeren (Blaubeeren.)

Kartoffelpfannkuchen

1 kg Kartoffeln
1ne Zwiebel
1 Teel. Salz
1 Ei
Öl oder Schmalz zum Backen

Die rohen geschälten Kartoffeln werden gerieben.
gibt Salz, Ei und Zwiebel hinzu.
verrührt die Masse gut und gibt sie löffelweise in das heiße Fett und backt die kleinen, dünnen Kuchen von beiden Seiten hellbraun.
Als Beilage empfielt sich Apfelmus.

Guten Appetit!

Reibekuchen

Man reibe einen gehäuften Suppenteller voll roher und eine Untertasse voll gekochter kalter Kartoffeln, gebe 2 Tassen Buttermilch, besser sauren Rahm, und das nötige Salz dazu und backe in gut ausgeglühtem Rüböl u. Schmalz kleine Kuchen davon. Besser werden sie, wenn einige Eidotter und der feste Eierschnee zur Masse gefügt sind. Sie muß dann gleich gebacken werden, damit sie nicht an Farbe und Geschmack verliert. Die Kuchen gibt man zu Kaffee, Thee oder mit Waldbeeren und Äpfelmus.

Reibkuchen.

Man reibe einen gehäuften Suppenteller voll rohe-
u. eine Untertasse voll gekochte kalte Kartoffeln
gebe 2 Tassen Buttermilch, besser sauren Rahm,
und das nötige Salz dazu und backe in gut aus-
geglühtem Rüböl u. Schmalz kleine Kuchen davon
Besser werden sie wenn einige Eidotter u. der fe-
ste Eierschnee zur Masse gefügt sind. Sie muß
dann gleich gebacken werden, damit sie nicht an
Farbe u. Geschmack verliert. die Kuchen gibt man
zu Kaffee, Thee oder mit Waldbeeren u. Äpfel-
mus.

Holunder - Pfannkuchen

Zutaten:

2 Eßl. Mehl, 1 Ei, etwas Salz,
etwas Zucker und Milch zum
Anrühren.
1/2 Pfund Holunder - Beeren
und Zucker zum Bestreuen.

Zubereitung:

Einen Mehlteig aus den Zutaten
herstellen. Etwas Öl oder
Schmalz in der Pfanne erhitzen
und den Teig einfüllen;
dann die Holunder - Beeren
daraufgeben.
Mittels eines Deckels den
Pfannekuchen wenden und
fertig backen. Auf einen
flachen Teller gleiten lassen
und mit Zucker bestreuen.

Blinden - Fisch

pro Person.

2. Zwiebäcke in Milch einweichen dann in der Pfanne mit Butter anbraten.
2. Eier, in der übriggebliebene Milch etwas kräftig aufschlagen 1 Prise Salz dazugeben. Die Eier über den Zwieback geben und stocken lassen, dann einmal wenden.

Blinden-Fisch:

pro Person.

4 Zwiebäcke in Milch ein=weichen, dann in der Pfanne in Margarine anbraten.
2 Eier in der übriggebliebenen Milch (od etwas dazu geben) kräftig aufschlagen, 1 Pri. Salz dazugeben. Die Eier über den Zwieback geben und stocken lassen. Vielleicht einmal wenden.

Nudeln mit Pflaumen

500 gr. Maccaroni werden in Salzwasser gargekocht.
Man schüttet die Nudeln in ein Sieb, damit das Wasser ablaufen kann.
In einer großen Pfanne werden die Maccaroni in Butter oder Margarine leicht angebraten.
Eingekochte Pflaumen werden dazugegessen.

Beilagen Gemüse

Wirsinggemüse

1 Wirsingkopf, etwas Salz,
Butter, Muskat

Das Gemüse wird geputzt, in Stücke geschnitten und in Salzwasser ca. 20 Minuten gekocht. Anschließend läßt man den Wirsing in einem Sieb abtropfen.
In einem Topf etwas Butter auslassen, den Wirsing im Fett kurz dünsten und mit frisch geriebenem Muskat abschmecken.

Eine leckere Beilage!

Spinat

1 Korb Spinat (frisch aus dem Garten)
Speck, Mehl, Milch, Salz und Muskat.

Spinat mit viel Wasser einige Male waschen bis das Wasser ganz sauber und sandfrei ist.
Den Spinat in einen großen Topf mit kochendem Wasser überbrühen bis der Spinat zusammengefallen ist.
Das abgebrühte Gemüse durch eine Wurstmaschine mit feiner Scheibe drehen.
Aus Speck, Mehl, Gemüsewasser, Milch Salz und Muskat eine Soße herstellen und den Spinat dazugeben.
Angerichtet wird der Spinat mit geschnittenen Eierscheiben.

Blumenkohl in holländischer Soße

Der Blumenkohl wird geputzt und in Salzwasser gelegt, die Blume nach unten. Er wird in Röschen geteilt oder ganz in kochendem Salzwasser weich gekocht. In einem Topf läßt man Butter auch heiß werden, gibt Mehl hinzu, löscht mit dem Abkochwasser und etwas Milch ab. Durch Zusatz von Sahne wird die Soße verfeinert. Man schmeckt mit Salz und Muskat ab. (Statt Muskat auch Zitrone). Die Soße kann auch mit Eigelb legiert werden. Dann gibt man den Blumenkohl hinein.

Rotkohl

Rotkohl wird geputzt, fein geschabt, schnell gewaschen. In einem Topf läßt man Fett, am besten Schmalz, heiß werden. Dann gibt man Zwiebeln, Lorbeerblatt, Nelken, Pfeffer, Salz und Essig hinein, gibt den Kohl hinzu und kocht langsam gar. 1/2 Stunde vor dem Anrichten gibt man in Viertel geschnittene Äpfel hinzu, sind diese gar, schmeckt man mit Salz, Essig und Pfeffer ab.

Schwarzwurzeln

1 - 2 Eßl. Mehl rühre man mit gleichviel Wasser und Milch an und gebe die abgeschälten Wurzeln hinein und lasse sie bis zum Gebrauche darin liegen. Dann spalte man sie mehrmals, wasche sie klar ab und gebe sie gleich in die kochende Brühe, in welche man etwas Butter oder Fett hinzu gefügt hat. Sind sie darin weich gekocht, so füge man etwas Paniermehl, einen Schuß Weißwein und das fehlende Salz dazu. Die Sauce muß von dem Paniermehl gut gebunden sein. Beilage. Geflügel, Kalbsbraten, gebratene Zunge.

Schwarzwurzeln.

1-2 Eßl. Mehl rühre man mit gleichviel Wasser u. Milch an u. gebe die abgeschalten Wurzeln hinein u. lasse sie bis zum Gebrauche darin liegen. dann spalte man sie mehrmals, wasche sie klar ab u. gebe sie gleich in die kochende Brühe, in welche man etwas Butter oder Fett hinzu gefügt hat. Sind sie darin weich gekocht, so füge man etwas Paniermehl, einen Schuß Weißwein u. das fehlende Salz dazu. die Sauce muß von dem Paniermehl gut gebunden sein. beilage. Geflügel, Kalbsbraten, gebratene Zunge.

Große oder dicke Bohnen

Sind die Bohnen zu hart, so werden sie schlecht weich. Kurz vor dem Gebrauche müssen sie ausgeschotet werden. Nach und nach gibt man sie zum Abkochen in das kochende Wasser, läßt sie offen gar kochen, wenn sie weich sind, auf einen Durchschlag ablaufen, gibt kochendes Wasser darüber und deckt sie schnell zu, damit sie gut heiß bleiben. Man läßt Schweinefett zergehen, gibt wenn möglich etw. Schweinebrühe hinzu sowie Bohnenkraut, Salz, etw. Pfeffer und läßt sie darin noch etwas durchkochen, macht sie nötigenfalls mit Kartoffelmehl verbindlich. Beilage. Schweinebraten, gut durchwachsener Speck, gekochter Schinken.

Grosse oder dicke Bohnen.

Sind die Bohnen zu hart, so werden sie schlecht weich. Kurz vor dem Gebrauche müssen sie ausgeschotet werden. Nach und nach gibt man sie zum Abkochen in das kochende Wasser läßt sie offen gar kochen, wenn sie weich sind, auf einen durchschlag ablaufen, gibt kochendes Wasser darüber und deckt sie schnell zu, damit sie gut heiß bleiben. Man läßt Schweinefett zergehen, gibt wenn möglich etw. Schweinebrühe hinzu sowie Bohnenkraut, Salz, etw. Pfeffer und läßt sie darin noch etw. durchkochen, macht sie nötigenfalls mit Kartoffelmehl verbindlich. Beilage. Schweinebraten, gut durchwachsener Speck, gekochter Schinken

„Dicke Bohnen mit Speck"

....drei graute Baunen sind so guut
as ene Snute vull Braut! –

ein altes Westfälisches
Sprichwort.

500g durchwachsener Speck, 500gr. enthülste dicke Bohnen, etwas Bohnenkraut, 1½ l Wasser, Salz, 2 gestr. Eßl. Stärkemehl 2 Eßl. kaltes Wasser zum Anrühren.

Speck mit dem Bohnkraut in kochendes Salzwasser geben und bei schwacher Hitze kochen lassen.
Nach 20 Minuten Kochzeit die gewaschenen Bohnen hinzugeben, einmal kurz aufkochen lassen und dann bei schwacher Hitze garen. Wenn das Fleisch gar ist, in Scheiben schneiden, und auf vorgewärmter Platte bereitstellen. Die Bohnen mit dem angerührtem Stärkemehl binden, abschmecken und zusammen mit dem Fleisch anrichten.
Man reicht Salzkartoffeln dazu.

Große Bohnen

Frische große Bohnen aus dem Garten werden entkernt und gewaschen und in Salzwasser weichgekocht.
In einem Topf brät man reichlich Speck aus und läßt die Bohnen mit etwas Wasser darin schmoren.
Man würzt mit Salz, Pfeffer, Petersilie und Bohnenkraut.

Grüne Bohnen

Grüne Bohnen werden gewaschen und in kochendem Wasser weichgekocht.
In einem Topf brät man Speck aus, gibt Zwiebeln und einen gehäuften Eßlöffel Mehl hinzu, löscht mit einer Tasse Wasser ab, gibt die Bohnen hinein, schmeckt mit Pfeffer, wenn nötig mit Salz ab.

Brechbohnen.

Die gut abgefaserten Bohnen werden einige
Male durchgebrochen, gut gewaschen, in kochen-
dem Wasser schnell weich gekocht. Wenn sie fast
weich sind, fügt man Salz hinzu, man läßt
sie ablaufen u. zugedeckt auf der hei-
ßen Brühe stehen, damit sie recht heiß bleiben,
macht eine gute Specksauce oder schwitzt eini-
ge Zwiebeln und Mehl in Nierenfett, rührt
gleichviel Milch und Wasser hinzu und läßt
die Bohnen darin stauen, gibt das fehlende Salz,
Pfeffer, Essig und etwas gehackte Petersilie
hinzu und läßt sie ein wenig in der gebun-
denen Sauce ziehen das durchrühren geschehe
behutsam, damit die Bohnen nicht zerfallen.
Beilage: Schweinekoteletts, Klops, Frikadellen,
roher und gekochter Schinken, frische
Heringe etc.

Brechbohnen

Die gut abgefaserten Bohnen werden einige Male durchgebrochen, gut gewaschen, in kochendem Wasser schnell weich gekocht. Wenn sie fast weich sind, fügt man Salz hinzu, man läßt sie ablaufen und zugedeckt auf der heißen Brühe stehen, damit sie recht heiß bleiben, macht eine gute Specksauce oder schwitzt einige Zwiebeln und Mehl in Nierenfett, rührt gleichviel Milch und Wasser hinzu und läßt die Bohnen darin stauen, gibt das fehlende Salz, Pfeffer, Essig und etwas gehackte Petersilie hinzu und läßt sie ein wenig in der gebundenen Sauce ziehen. Das Durchrühren geschehe behutsam, damit die Bohnen nicht zerfallen.

Beilage: Schweinekoteletts, Klops, Frikadellen, roher und gekochter Schinken, frische Heringe etc.

Graue Erbsen mit Hering

ein beliebtes Aschermittwochgericht

Zutaten: 250 gr. graue Erbsen, 100 g Fett Schmalz, Speck, 4 dicke Zwiebeln, ½ l Wasser oder Brühe, 40 g. Mehl, etwas Essig, Zucker.

Zubereitung: Erbsen über Nacht einweichen und am anderen Morgen in dem Einweichwasser 2 Stunden weichkochen. Das Wasser abschütten die Erbsen mit kochendem Wasser erneut überbrühen. Das Fett zerlassen. Die Zwiebeln in Scheiben schneiden und in Fett glasig schmoren. Mit Brühe ablöschen, die Zwiebeln einmal durchkochen und mit Mehl zu einer hellen Soße binden. In die Soße gibt man die Erbsen und schmeckt das Gericht süß-sauer ab.

Dazu ißt man Salzkartoffeln und sauer eingelegte Heringe.

Graue Erbsen mit Zwiebelsoße und eingelegte Heringe

Zutaten: Graue Erbsen, Speck, Zwiebeln, Wasser, Mehl, Salz, Pfeffer u. Essig

Zubereitung:
Graue Erbsen einweichen, (Abend vorher) mit Einweichwasser weich kochen.
Speck klein würfeln u. auslassen, Zwiebeln in Ringe geschnitten dazugeben, glasig werden lassen, mit Wasser auffüllen und garen.
Mehl mit Wasser anrühren, damit andicken, mit Salz, Pfeffer u. Essig abschmecken.
Dazu Salzkartoffeln u. Hering.

Sauerkraut mit Äpfeln.

500 gr. Sauerkraut
75 gr. geräucherten Speck,
250 gr. Äpfel

Den in Würfel geschnittenen Speck goldbraun braten, die geschälten, in Viertel geteilten Äpfel darin halb-gar dünsten. Das Sauerkraut dazugeben und 10 Minuten schwach kochen. Nach Geschmack etwas nachsalzen.
Speck, Äpfel und Sauerkraut sind ein guter Dreiklang.

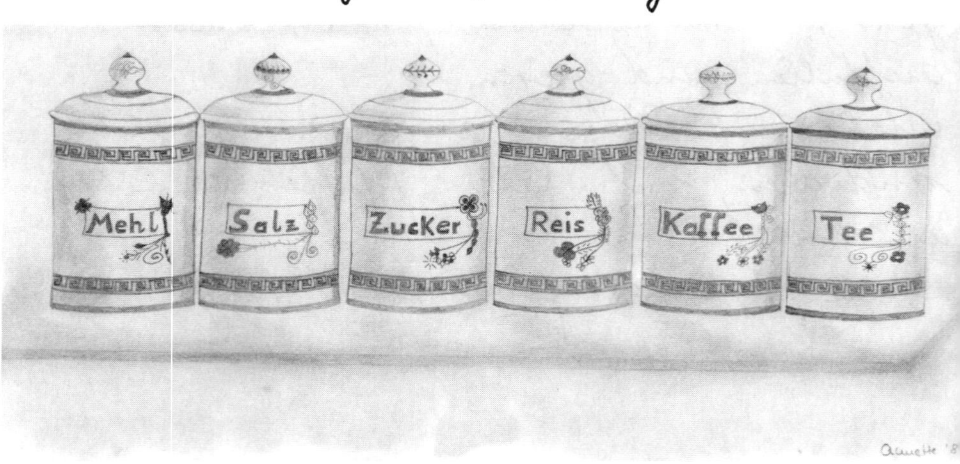

Kartoffelbällchen

1 kg gekochte Kartoffeln vom Mittag oder vom Vortag, 1 Ei, 4 Eßl. Mehl, Muskat, 50 g Butter, Salz, Paniermehl, Fett zum Ausbacken.

Zubereitung:
Kartoffeln zerstampfen oder durch ein Sieb geben. Aus den angegebenen Zutaten einen Teig herstellen. Mit feuchten Händen Bällchen formen; in Paniermehl wälzen und im heißen Fett hellbraun braten.

Das Münsterland und die dicken Kartoffeln

Die Kartoffel hat beim Essen im Münsterland schon immer eine entscheidende Rolle gespielt. Das liegt daran, daß die meisten Einwohner in ihren Gärten für den Eigenbedarf Kartoffeln anbauten und sie im Keller lange langern konnten. Noch heute gibt es viele Münsterländer, die sich ein Mittagessen ohne Kartoffeln selbst in ihren gewagtesten Alpträumen nicht vorstellen können. Zum Hauptgericht gehören halt Kartoffeln, und damit sind in der Regel Salzkartoffeln gemeint. Nudeln und Reis, na ja, wenn es unbedingt sein muß, bitteschön, aber dann in die Suppe und als Vorspeise. Kaum jemand wird es wagen, den Münsterländern ihre Kartoffel madig zu machen, denn schließlich gibt es ja eine Fülle von Zubereitungsmöglichkeiten.

Die erste Möglichkeit beginnt bereits mit der Ernte der ersten Frühkartoffeln um Pfingsten. Diese zarten Knollen haben es in sich. Sie wandern, nachdem sie fachmännisch mit der Forke aus dem Boden geholt worden sind, unverzüglich in die Küche. Nicht schälen, lautet die Devise, sondern schrappen! Dabei bekommen zwar die Finger eine schwer zu entfernende Brauntönung, der Genuß der geschrappten Kartoffeln, die wie Salzkartoffeln zubereitet werden, stellt aber einen absoluten Höhepunkt im Kartoffeljahr dar. Das Schrappen ist allerdings nur mit frischen Kartoffeln mit hohem Zeitaufwand möglich, so daß es nur an wenigen Tagen diese Delikatesse geben kann.

Der Duft von Kartoffelfeuern, der im September und Oktober durch die Landstädte und Dörfer strich, war untrügliches Zeichen dafür, daß die Zeit für die Einkellerung der Kartoffeln gekommen war. Bollerwagen voller Knollen wurden am Abend aus den Gärten in die Häuser gezogen. Die Kinder blieben oftmals noch eine Weile, um in dem angesteckten Kartoffelkraut eine oder zwei Kartoffeln zu rösten. Mit einem Stock wurde nach einer Weile die heiße und dampfende Kartoffel aus der Glut geholt. Vorsichtig entfernten sie die Pelle und konnten dann diese gegrillten Kartoffeln genießen.

Die Palette der Möglichkeiten, Kartoffeln auf den Tisch zu bringen, schien fast unerschöpflich. Sie begann bei den Salzkartoffeln, ging über Bratkartoffeln bis

hin zu Scheibenkartoffeln. Diese schmeckten am besten, wenn sie in einer großen Pfanne gebraten wurden, die auf einem Kohleherd stand.
Aber auch in Form von Kartoffelsalat, Stampfkartoffeln, Reibeplätzchen kamen durchweg Kartoffeln auf den Tisch. Ein Tag ohne Kartoffeln war im Münsterland undenkbar.

Kartoffelscheiben (= Scheibenkartoffeln)

Die Kartoffeln werden nach dem Schälen gut gewaschen und in Scheiben geschnitten. Nach Belieben gibt man Schmalz oder gewürfelten Speck in die Pfanne, fügt nach dem Anbraten eine fein geschnittene Zwiebel hinzu, die Scheiben und das nötige Salz u. läßt die Kartoffeln zugedeckt braten. Sind sie auf der unteren Seite gelb angebraten, so wendet man sie um, falls sie krustig oder hart angebraten sind, gießt man etwas Wasser hinzu und deckt sie schnell zu.

Kartoffelscheiben.

Die Kartoffeln werden nach dem Schälen gut gewaschen u. in Scheiben geschnitten. Nach Belieben gibt man Schmalz oder gewürfelten Speck in die Pfanne, fügt nach dem Anbraten eine fein geschnittene Zwiebel hinzu, die Scheiben u. das nötige Salz u. läßt die Kartoffeln zugedeckt braten. Sind sie auf der unteren Seite gelb angebraten, so wendet man sie um, falls sie krustig oder hart angebraten sind, gießt man etw. Wasser hinzu u. deckt sie schnell zu.

Scheibenkartoffeln

1 kg Kartoffeln
Oel zum Braten
Zwiebeln, Salz

Kartoffeln schälen und in Scheiben schneiden!
Das Oel in der Pfanne erhitzen und die Kartoffeln hineingeben, mit Salz bestreuen, die Pfanne mit dem Deckel schließen.
Mehrmals wenden und etwas später die Zwiebeln dazugeben. Man muß dann etwas aufpassen, da die Zwiebeln gerne anbrennen.
In gut einer halben Stunde sind die Kartoffeln gar.
Man reicht rote Beete dazu oder Wurstebrot gebraten.

Bauernfrühstück

Kartoffel vom Vortag, Zwiebel, Reste vom Fleisch u. Wurst vom Schinken u. Speck, einige Eier.

---

1 große Pfanne

Speck u. Zwiebel auslassen, Kartoffel in Scheiben schneiden, kleingeschnittenes Fleisch, Wurst u. Schinkenreste darüberstreuen, gut braten und durchmengen, zum Schluß Rührei darübergießen und stocken lassen.

Dieses Frühstück war sehr beliebt, es macht satt bis zum Mittag.

Eier-Frikassee

Zutaten: 10 Eier, 30 gr. Butter
30 gr. Mehl, 1 große Zwiebel
1/4 Ltr. Fleischbrühe-Würfel, 1/4 Ltr.
Milch, Salz + Pfeffer. Saft 1 Zitrone
600 gr. Spargel aus der Dose,
600 gr. Champignon
2 Tomaten abziehen, Stengel ent-
fernen. dazu Petersilienreis.

Zubereitung:
Butter 1 kleingehackte Zwiebeln
glasig dünsten, dann Mehl und
Brühe auffüllen gut durch-
kochen lassen. Die übrigen
Zutaten hinzugeben.

Rote Beete

500 g Rote Beete, Salzwasser,
1/8 l. Essig, 1/8 l. Wasser,
etwas Salz und eine Prise
Zucker, 2 Zwiebeln, 2 Nelken,
2 Lorbeerblätter, Salz und Pfeffer.

Knollen waschen und im Salz-
wasser kochen, abschrecken,
schälen und in dünne Scheiben
schneiden. Die Scheiben mit
Zwiebel in ein Glas geben
Essig, Wasser, Zucker, Nelken,
Lorbeerblätter, Salz und Pfeffer
aufkochen und über die Rote
Beete gießen.
Paßt gut zu Bratkartoffeln!

Apfelringe

Äpfel werden geschält, das Kerngehäuse herausgehoben und in Ringe geschnitten. Man bereitet von 1/2 ℔ Mehl, 2 Eiern, 1/4 l Milch, 1 Prise Salz einen Eierkuchenteig, gibt eine Messerspitze Backpulver hinzu, taucht die Apfelringe hinein und backt sie in heißem Fett in der Pfanne hellbraun.
Mit Zucker bestreuen und warm zu Tisch geben.
Wird gern im Winter zu aufgewärmten Wurzelgemüse gegessen.

Salate

Kartoffelsalat

1 kg Kartoffeln (am Vortage gekocht)
2 Eier
Öl
Salz
Pfeffer
1 eingelegte Gurke
Senf
etwas Zucker
Essig

Kartoffeln in Scheiben schneiden. Aus Eiern, Öl u. Senf eine Majonaise schlagen, die Zutaten vorsichtig unterrühren und weiterschlagen. Zuletzt gibt man die Kartoffeln hinzu und mengt alles gut durch.
Man garniert mit gekochten Eiern, Tomaten und Petersilie.

Pikanter Sauerkrautsalat

500 gr Sauerkraut
4 Eßlöffel Weißwein
4 Eßlöffel Öl
2 Teelöffel Zucker
1 Prise Salz
1 Messerspitze gem. roten Paprika
1 kleine Zwiebel.

Das Sauerkraut, falls notwendig, etwas ausdrücken, fein schneiden und mit den Zutaten vermischen. Die feingeschnittenen Zwiebeln darauf streuen.

Nudelsalat

1 kg Nudeln (Hörnchen) in Salzwasser kochen. Aus 2 Eiern und Öl eine Mayonaise rühren und mit Salz, Essig und einer Prise Zucker würzen. Zum Verfeinern Erbsen und gekochte, gewürfelte Möhren nehmen, oder gehackte gekochte Eier mit in Würfel geschnittene Fleischwurst.

Zwiebelsalat

3 Gemüsezwiebel
3 Äpfel
3 Gurken, roh oder eingelegt
1/2 Fleischwurst
3 Eßlöffel Majonaise
3 Eßlöffel Öl
5 Eßlöffel Essig
5 Eßlöffel Zucker

Zwiebel in feine Ringe schneiden, Äpfel schälen und schneiden, ebenso die Gurken. Die Fleischwurst würfeln.
Aus Majonaise, Öl u. Essig und Zucker eine Marinade rühren und alles gut vermischen.
Besonders Männer mögen den Zwiebelsalat gerne.

Rotkohlsalat

Zutaten: 5 Pfd. Kohl
1 1/2 Eßl. Salz
2 Pfd. Zucker
1 Pfd. Zwiebeln
3 Lorbeerblätter
1 l. Weinessig

Zubereitung: Den Kohl fein schneiden, Weinessig, Salz, Zucker, Zwiebeln, Lorbeerblätter in den Topf geben und alles 10 - 20 Minuten kochen lassen
1 Pä. Einmachhilfe
in Gläser geben u. zubinden.

Eiersalat

Zutaten:
4-6 hartgekochte Eier.
250 gr. gekochter Schinken,
1 kl. Dose Chamingnon,
1 kl. Dose Spargel.

Zubereitung
Eier in Scheiben schneiden,
Schinken würfeln.
von Chamingnon u. Spargel
Wasser abgießen.
Dann mit Sahne verrührte
Majonnaise als Salatsoße
verwenden.
Mit Essig, Senf u. Salz
abschmecken.

Nachtische

Nachtische im Münsterland

Nachtisch gab es früher fast immer auf den Mittagstischen. Er bestand hauptsächlich aus frischem, gekochtem oder aus eingemachtem Obst.
Die rohen Früchte, z.B. Erdbeeren und Johannisbeeren, wurden frisch aus dem Garten geerntet, gewaschen und von den Stielen befreit. Die Früchte wurden in eine Glasschüssel gegeben und mit Zucker bestreut.
Kirschen, Stachelbeeren, Pflaumen, Birnen und Äpfel wurden gewaschen, vorbereitet und geputzt und kurz mit etwas Zucker gekocht. Erkaltet kamen sie dann als Nachtisch auf den Mittagstisch.
Im Winter aß man dann das eingemachte Obst. Jede Hausfrau hatte da gut vorgesorgt, Dörrobst aus Äpfeln, Birnen und Pflaumen war sehr beliebt. Ganz früher wurden auch Essigpflaumen in Steintöpfen eingemacht.
Pudding gab es nur an Sonntagen. Vanille-Pudding mit Johannisbeersaft oder Stärke-Pudding mit Saft. Schokoladenpudding gab es selten, Weincreme u.ä. gab es nur zu Feierlichkeiten.
Stippmilch, aus weißem Käse (Schichtkäse, Quark), Milch und Zucker hergestellt, wurde gern im Sommer gegessen. Die Stippmilch wurde dabei kunstvoll mit Zimt bestreut.

Westfälische Quarkspeise

Zutaten: 500g Quark, $\frac{1}{8}$ l Milch, 80g Zucker, $\frac{1}{2}$ Vanillestange, zum Einlegen: 1 Glas (375g) Schattenmorellen, 4 Eßl. Rum oder Kirschwasser, 125g Schocolade, 125g Pumpernickel, evtl. $\frac{1}{4}$ l Sahne zur Geschmacksverbesserung.

Zubereitung: Speisequark mit Milch, Zucker und dem Mark einer $\frac{1}{2}$ Vanillestange glattrühren. Eventuell mit steifgeschlagener Sahne verrühren. Schocolade raspeln und das Pumpernickel reiben. Schattenmorellen abtropfen lassen und mit Rum oder Kirschwasser beträufeln. Quarkspeise mit den Einlegezutaten lagenweise in Glasschüssel füllen, oberste Schicht Quarkmasse, diese glatt streichen, kalt stellen (nicht länger als 1 Stunde) Quarkspeise nach Belieben mit Kirschen, Schocoladenstreuseln, Pumpernickel und Sahne verzieren.

Pumpernickelquark

Zutaten:

1 Pfund Sahnequark
etwa 1/2 l Milch
Zucker und Vanillezucker
125 g Schwarzbrot
1 Eßl. Zucker
2 Schnapsgläschen Rum
1 Tafel Bitterschokolade
1 kleines Glas Preiselbeeren

Quark, Milch, Zucker und Vanillezucker verrühren. Das fein geriebene Schwarzbrot mit Zucker mischen, Rum hinzufügen und ziehen lassen. Die geraspelte Schokolade untermischen. Eine Schüssel oder Dessertgläser abwechselnd mit der Stippmilch, der Schwarzbrotmasse und den Früchten füllen.

Westf. Stippmilch
Zutaten:
500 gr Quark, 1/4 l. Milch, oder
etwas Sahne, 100 gr Zucker
2 Vanillzucker, einige Scheiben
Schwarzbrot, Sauerkirschen, Rum

Den Quark rührt man mit
Zucker und Vanillezucker und
mit der Milch cremig.
Das Schwarzbrot zerbröselt
man und tränkt es etwas mit
Rum. Dann füllt man zuerst
die Kirschen in eine Schüssel
oder Portionsschälchen, füllt
dann lagenweise Quark und
Schwarzbrot ein. Überstreut
dann mit Schokoladenraspel

Stippmilch

Dick gewordene Milch läßt man in einem Beutel oder in einem, auf einem Durchschlag ausgebreiteten Tuch ganz rein ablaufen verrührt sie mit frischer Milch durch ein Sieb zu einem Brei, vermischt sie mit Zucker nach Geschmack.

Die Stippmilch wird in eine Schale angerichtet und mit Zimt bestreut.

Stippmilch.

500 gr. Schichtkäse (Quark) 4 Eßl Zucker
1 Tasse Milch (1/4 ltr.) Zimt zum Verzieren.

Schichtkäse durch ein Sieb passieren und mit Milch und Zucker verrühren.
Die Stippmilch wird in eine Glasschüssel oder in Schälchen gefüllt und mit Zimt oder Früchten garniert.

Rote Grütze

1 Ltr roten Fruchtsaft, 4 Eßl Zucker
50 gr. Stärke, Grieß oder Sago

Den Saft aufkochen lassen. Die in Saft angerührte Stärke, oder Grieß, oder Sago, einrieseln lassen und nochmal aufkochen.
In eine Glasschüssel geben und erkalten lassen.
Sahne oder Vanille Soße dazu geben.

Quarkspeise für Festtage

Zutaten:

1 Paket Quark
3 Eigelb
3 Eiweiß
150g Zucker
1/2 Liter Sahne
2 Pakete Vanillinzucker
etwas Milch

Zubereitung:

Quark, Eigelb, Zucker und Vanillinzucker verrühren. Die Sahne schlagen und das Eiweiß zu steifem Schnee schlagen. Vorsichtig erst den Eischnee dann die Sahne unterheben. In Gläser oder Glasschüssel geben und mit geriebener Schokolade oder mit Zimt und Zucker verzieren.

Süße Speisen

Warme und kalte Puddings

Warmer Griesmehlpudding

1 1/2 l Milch, 1 Pfd. Griesmehl, 1/4 Pfd. Zucker, Zitronensaft oder Vanille, 8-10 Eier, 1 Stück Butter. Man lasse die Milch mit Gewürz und Butter kochen, streue das Griesmehl in die kochende Milch, rühre, bis die Masse sich vom Topfe löst, nach dem Erkalten rühre man die Eidotter, dann den Eierschnee durch, gebe alles gleich in die Form und lasse es 2 1/2 Std. kochen.

Der Pudding wird in Porzellanschüsseln bei mäßiger Hitze auf gebacken, 1 Stde. Man reiche Fruchtsauce dazu. Für 13 Portionen berechnet.

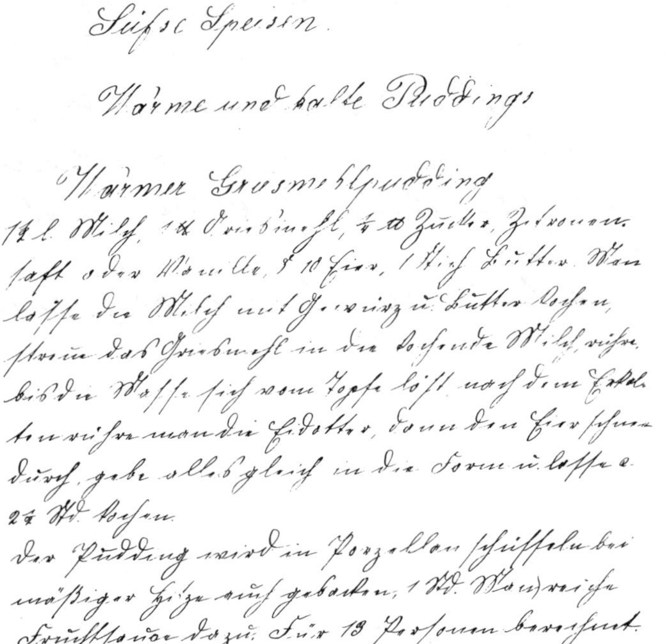
Süße Speisen.
Warme und kalte Puddings
Warmer Griesmehlpudding
1½ l. Milch, 1 ℔ Griesmehl, ¼ ℔ Zucker, Zitronensaft oder Vanille, 8 10 Eier, 1 Stück Butter. Man lasse die Milch mit Gewürz u. Butter kochen, streue das Griesmehl in die kochende Milch, rühre, bis die Masse sich vom Topfe löst nach dem Erkalten rühre man die Eidotter, dann den Eierschnee durch, gebe alles gleich in die Form u. lasse e 2½ Std. kochen.
der Pudding wird in Porzellanschüsseln bei mäßiger Hitze auf gebacken, 1 Std. Man reiche Fruchtsauce dazu. Für 13 Personen berechnet.

Dicken Reis

1 Ltr Milch, 250gr Reis, etwas Butter
4 Eßlöffel Zucker, Salz, 1 Vanille Zucker.

Zubereitung: Die Milch zum Kochen bringen und den Reis einstreuen. 30 Minuten bei kleinster Flamme quellen lassen. Dann die Butter, Zucker u. Vanille Zucker und Salz zugeben. Alles in eine, mit Wasser ausgespülte Glasschüssel geben und erkalten lassen.

Den Pudding mit Zimt verzieren!

Dieses Rezept stammt aus dem Jahre 1911 vom „kochen-lernen“ auf Schloß Heessen bei Hamm.

Bauernmädchen im Schleier

1/2 ℔ Schwarzbrot
1/4 l Sahne
Zucker nach Geschmack
etwas Vanillezucker
etwas Gelee

Zubereitung:

Das geriebene Schwarzbrot wird mit etwas Butter und Zucker in der Pfanne geröstet. Nach dem Erkalten schlägt man die Sahne unter Beigabe von Zucker und Vanillezucker. Dann wird der größte Teil der Sahne mit dem gerösteten Schwarzbrot vermischt und in eine Glasschüssel gegeben. Mit dem Rest der Sahne und dem Gelee wird das Dessert verziert.

Bauernmädchen im Schleier.

Geriebenes Schwarzbrod wird mit etwas Butter und Zucker auf der Pfanne geröstet, dann mit etwas Schlagsahne vermischt und in eine Glasschale getan, die noch übrige Schlagsahne wird über geschüttet und dann mit Gelee verziert.

Auflauf von Citronat.

Zu 12 Loth Butter schlägt man 10 Eigelb und rührt bis das ¼ St.

Mohr im Hemd.

8 Eigelb ¼ ℔ Zucker werden schaumig gerührt nachdem fügt man 90 gr zerlassene Butter und ¼ ℔ gemahlene Mandeln hinzu dann ¼ ℔ geriebene Chocolade und den Schnee der 8 Eier hinzu, dann muß es in einer Puddingform 5/4 St kochen. Nachdem der Pudding nur gestürzt und abgekühlt ist wird er mit Schlagsahne übergossen.

Citronen Auflauf.

5 Eigelb, 5 Eßlöffel Zucker werden schaumig

Schwammpudding.

1 l. Milch, ½ ℔ Mehl, ¼ ℔ Butter, 5 Eier, 80 g. Zucker, etw. Vanille, etw. Salz. Milch und Gewürz werden gekocht. Die Butter pflückt man in das Mehl, damit es nicht so trocken ist, gibt es dann in die kochende Milch rührt, bis die Masse sich vom Topfe löst und nachdem sie etwas abgekühlt, die Eidotter, dann den Schnee der 5 Eier durch, füllt die Form und läßt 2–2½ Std. kochen. Für 4–8 Personen.

Kartoffelpudding

¼ ℔ gekochte feingeriebene Kartoffeln, 80 g. Weckm. 50 g Butter, 60 g. Zucker, 25 g geschälte geriebene Mandeln, etwas Zitronenöl, ferner Zimt, 4–5 Eier. Eidotter, Zucker, Mandeln, Gewürz u. Kartoffeln gebe man in die zu Sahne gerührte Butter, rühre die Masse eine gute Weile, dann das Weckmehl und den Eiweißschaum vorsichtig durch, lasse den Pudding 2 Std kochen oder gut 1 Std backen u. gebe eine Fruchtsauce dazu.

Schwammpudding

1 l Milch, 1/2 Pfd. Mehl, 1/4 Pfd. Butter, 5 Eier, 80 gr. Zucker, etw. Vanille, etw. Salz, Milch und Gewürz
werden gekocht. Die Butter pflückt man in das Mehl, damit es nicht so trocken ist, gibt es dann in die kochende Melch, rührt, bis die Masse sich vom Topf löst und nachdem sie etwas abgekühlt, die Eidotter, dann den Schnee der 5 Eier durch, füllt die Form und läßt 2-2 1/2 Std. kochen. Für 7-8 Portionen.

Kartoffelpudding

1/4 Pfund gekochte, feingeriebene Kartoffeln, 80 gr. Wecken, 50 gr. Butter, 60 gr. Zucker, 25 gr. geschälte geriebene Mandeln, etwas Zitronenöl, feiner Zimt, 4-5 Eier. Eidotter, Zucker, Mandeln, Gewürz und Kartoffeln gebe man in die zu Sahne gerührte Butter, rühre die Masse eine gute Weile. Dann das Weckmehl und den Eiweißschaum vorsichtig durch, lasse den Pudding 2 Std. kochen oder gut 2 Std. backen und gebe eine Fruchtsauce dazu.

Welfencreme für 6 Personen

Es werden 2 verschiedene Cremes hergestellt

Zutaten: I
- 1/2 l Milch
- 1/2 Vanillestange, Pr. Salz
- 30 g Zucker
- 30 g Mondamin
- 2 Eischnee

II
- 2 Eigelb
- 4 El Zucker
- Saft einer Zitrone
- 1/4 l weißer Tafelwein
- 1 1/2 Tl Mondamin

Zu I: aus diesen Zutaten eine gekochte Creme herstellen; Mondamin mit 6 Eßl Milch (von 1/2 l Milch abnehmen) anrühren, Milch zum Kochen bringen, Zucker und Vanillemark dazugeben, angerührtes Mondamin zur kochenden Milch geben, aufkochen lassen. Eiweiß schlagen und unterheben und Creme in eine Glasschüssel geben und erkalten lassen.

Zu II Zutaten kalt verrühren im Wasserbad warm aufschlagen, zu einer dicken Tunke schlagen. Tunke auf die erkaltete weiße Creme geben.

Westfalencreme.

½ ltr. Sahne, 50 gr. Zucker,
250 gr. Pumpernickel, Rum,
250 - 500 gr. Erdbeeren.

In eine Glasschale gibt man abwechselnd eine Lage gesüßte, geschlagene Sahne, geriebenen Pumpernickel, und in Rum getauchte Erd=beeren. Die Speise muß sehr kalt gestellt werden.
Unter die Schlagsahne kann man auch einige Blatt auf=gelöste Gelantine geben.

Stärke - Pudding

Zutaten: Milch, Zucker, Zimt, Stärke u. Eier

Zubereitung: Milch wird mit Zucker, Zimt und eine prise Salz zum Kochen gebracht.
Inzwischen rührt man die Stärke mit etwas Wasser und dem Eigelb zu einem dünnen Brei, gibt dieses under ständigem Rühren zu der kochende Milch. Man läßt die Speise under rühren 1 Minute durchkochen, mischt sogleich den Eischnee darunter und füllt den Pudding in eine mit Wasser ausgespülte Form.

Nach dem Erkalten wird er gestürzt. Er kann mit Kompott oder mit einer Fruchttunke zu Tisch gegeben werden.

Grießmehl-Pudding

1 Liter Milch, 4 Eßlöffel Zucker, 125 gr. Grieß
1 Eigelb, 1 Eiweiß, eine Prise Salz

Die Milch mit Salz zum Kochen bringen, und Zucker und Grieß einstreuen, unter Rühren nocheinmal aufkochen lassen. Dann wird das verschlage Eigelb untergerührt, und zuletzt das steifgeschlage Eiweiß.

Der Pudding wird in eine Glasschüssel gefüllt. Fruchtsaft oder frisches Obst (Erdbeeren) wird gern dazu gereicht

Nach diesem Rezept wurde auch Stärke-Pudding gekocht.

Zur Verfeinerung des Puddings wurde auch Aroma oder Vanille Zucker verwendet.

Moccaberg

Zutaten: 1 Pfd. Kirschen, 2 Päckchen Tortenguß (rot), Butterkekse, Schokoladenpudding zum kochen, ½ l Milch, Nescafe, ¼ Pfd. Butter, ¼ l Sahne, geriebene Schokolade

Zubereitung: Die entkernten Kirschen heiß machen, 2 Päckchen Tortenguß anrühren u. dazu geben. Erkaltete Kirschen auf eine flache Schale geben u. zu einem Berg anhäufen. Mit Butterkeksen abdecken.
Schokoladenpudding mit ½ l Milch herstellen, Nescafe in den heißen Pudding geben. ¼ Pfd. Butter schaumig rühren, dazu den erkalteten Pudding geben. Die Moccacreme über die Kirschen geben, so daß ein Berg entsteht. ¼ l geschlagene Sahne über den Berg geben u. mit geriebener Schokolade bestreuen.

Zitronencreme mit Milch

Zutaten: 1 P. weiße Gelantine
5 Eßl. kaltes Wasser, 2 Eier, 100 gr. Zucker, 1 P. Vanillezucker, 3/8 Ltr. kalte Milch, 1 Eßl. warmes Wasser
Saft von 2 Zitronen.

Zubereitung: Die Gelantine mit dem kalten Wasser einrühren, 10 Min. stehen lassen, dann unter rühren erwärmen bis sich alles gelöst hat. Eigelb, warmes Wasser Zitronensaft, Zucker, Vanillezucker schaumig schlagen. Dann gibt man die lauwarme Gelantine und Milch unter die Eigelbcreme dann kalt stellen. Eischnee schlagen. Wenn die Masse anfängt zudicken. Den Eischnee unter heben. In Gläser oder Schüssel füllen. Mit Sahne verzieren

Weincreme (auf kaltem Weg)

für 8 Personen

Zutaten:
- 1 Flasche Wein
- 8 Eier
- 12 Blatt Gelatine (weiß)
- 8 Eßlöffel Zucker
- $\frac{1}{4}$ l Sahne

Zubereitung:

Den Wein mit den 8 Eigelben und dem Zucker schaumig rühren. Den steifgeschlagenen Eiweißcreme unterrühren. Nun die aufgeweichte Gelatine einrühren. Wenn die Masse zu stocken beginnt, die geschlagene Sahne unterrühren. Der Creme in Portionsschalen füllen und im Kühlschrank wenigstens 1 Stunde lang erstarren lassen.

Gestürzter Weincrem

Zutaten: Man nehme,

4 Eier — 1/2 L. Weißwein

150 gr. Zucker — 1/8 L. Wasser u.

12 Bl. weiße Gelantine

Zubereitung: Man rührt Eigelb und Zucker schaumig gibt Wein und die aufgelöste Gelantine hinzu läßt die Masse kalt stehen.

Wenn die Creme anfängt zu gelieren, mischt man den Eischnee durch und gibt sie in eine Glasschale oder in eine Form.

Die Speise wird verziert mit Schlagsahne.

Hochzeits-Kreme

Zutaten:

1 l. Milch 2 Päckchen Puddingpulver Vanille-Geschmack 4 Eßlöffel Zucker 1 Becher Sahne 100 gr gem. Nüsse 1 Tafel Schokolade Block oder Halbbitter ein kleines Fläschchen Rum.

Zubereitung:

Aus Milch und Puddingpulver, Zucker einen Pudding kochen. Den Pudding kühlen lassen. Kurz vor der Mahlzeit die gemahlenen Nüsse sowie die klein-geschnittene Schokolade und den Rum unter den Pudding rühren Die geschlagene Sahne zum Schluß unter-ziehen. Mit Schokoladenraspeln verzieren

Sehr lecker!

Herrencreme!

Man koche einen Vanille-pudding, gebe einen guten Schuß Rum dazu. Wenn der Pudding erkaltet ist, geriebene Schokolade und steifgeschlagene Sahne unterheben. Dann in Glasschüsseln füllen und mit Sahne verzieren.

Mohrenkopf

3 Eigelb
3 Eßlöffel Zucker
6 Bl. Gelantine
1/4 l. Schlagsahne

3 Eiklar
1 Tafel Schokolade
1 Stück Butter
l wal

6 Blatt Gelantine auflösen.
Eischnee und Sahne schlagen.
Gelantine unterrühren.
3 Eigelb und 3 Eßlöffel Zucker schaumig rühren.
Erst den Eischnee, dann die Sahne unterheben.
Kugelform mit Wasser ausspülen und mit Zucker bestreuen.
1 Tag vorher zubereiten. Stürzen.
Die Feuchtigkeit mit dem Läppchen abtupfen.
Eine Tafel Schokolade wird mit Wasser aufgelöst und glattgerührt, Butter hinzugegeben und etwas erkalten lassen, so weit, daß es noch glatt fließt.
Dann über den Pudding streichen.
Mit Sahne verzieren.

Rhabarber-Kompott

Frischer junger Rhabarber aus dem Garten wird gewaschen und in 2 cm lange Stücke geschnitten. Man nimmt einen größeren Topf, füllt ihn etwa mit 2 cm Wasser und gibt den Rhabarber hinein. Wenn der Rhabarber kocht und gar ist, zieht man ihn vom Feuer. Vorsicht! Rhabarber kocht gern über! Man gibt nach Geschmack Zucker hinzu läßt ihn erkalten und gibt ihn zu Tisch.

Schmalzäpfel:

Schmalzäpfel sind eine winterliche Delikatesse, die sowohl als Beilage zu Bratwurst, Braten, Wild u. Geflügel gereicht werden, als auch mit Zimt u. Zucker bestreut einen schönen Nachtisch geben.

In einem Fettopf zerläßt man soviel Schmalz, daß 8 - 10 Äpfel darin schwimmen können. Die Äpfel nicht schälen, sondern mit einer Gabel einige Male einstechen. In das heiße Fett geben u. darin braten, bis die Haut platzt. Mit einem Schaumlöffel herausnehmen, auf eine feuerfeste Platte setzen u. in den heißen Backofen schieben. Solange nachbacken, bis die Äpfel gar sind.

Bratäpfel

Frisch gebrutzelte Bratäpfel –
das ist was Herrliches!

Wir brauchen: 4 große schöne Äpfel
4 Teelöffel Rosinen
etwas Zucker,
Apfel u. Zitronensaft.

Äpfel mit dem Apfelausstecher aushöhlen und mit Rosinen füllen. Apfelsaft mit Zucker und Zitronensaft würzen u. damit begießen. Alles in eine gebutterte, feuerfeste Form stellen und im Ofen bei mäßiger Hitze etwa ½ Stunde garen. Heiß mit Vanille-Soße servieren.

Schmoräpfel

Ungeschälte Äpfel werden mit dem Apfelbohrer vom Kerngehäuse befreit und in einen Topf mit wenig Brühe, Wein, Salz und Zucker gelegt und dann geschmort.

Pudding. Schokoladen-Pudding.

dazu gehört ein halbes Pfd. geriebene Schokolade ½ Pfd. geriebenes Brot od. Pumpernickel 6 gestoßene Nelken 1 Messerspitze gestoßenen Zimmt 1 Prise Salz 1 Messerspitze gestoßenes Gewürz ¼ Pfd. Zucker ¼ Pfd. süße geriebene Mandeln ¼ Pfd. ungesalzene Butter, welche zu Sahne gerührt wird; giebt 6 Gelbeier darein rührt die ganze Masse gut untereinander zuletzt den Schnee von den 6 Eiern. Giebt es dann in Puddingsformen, welche mit Butter ausgestrichen sind u. nur halb gefüllt werden dürfen, verschließt sie gut u. stellt sie in einen Topf kochendes Wasser läßt sie ¾ St. kochen u. stürzt sie auf große Schüsseln od. Teller. Die Masse ist für 12 Personen gerechnet.

Pudding. Schokoladen=Pudding

Dazu gehört ein halbes Pfd. geriebene Schokolade 1/2 Pfd. geriebenes Brot oder Pumpernickel 6 gestoßene Nelken 1 Messerspitze gestoßenen Zimmt 1 Prise Salz 1 Messerspitze gestoßenes Gewürz 1/4 Pfd. Zucker 1/4 Pfd. süße geriebene Mandeln 1/4 Pfd. ungesalzene Butter, welche zu Sahne gerührt wird, gibt 6 Gelbeier daran rührt die ganze Masse gut untereinander zuletzt den Schnee von den 6 Eiern. Gibt es dann in Puddingformen, welche mit Butter ausgestrichen sind u. nur halb gefüllt werden dürfen, verschließt sie gut und stellt sie in einen Topf kochendes Wasser läßt sie 3/4 Std. kochen u. stürzt sie auf große Schüsseln oder Teller. Die Masse ist für 12 Personen gerechnet.

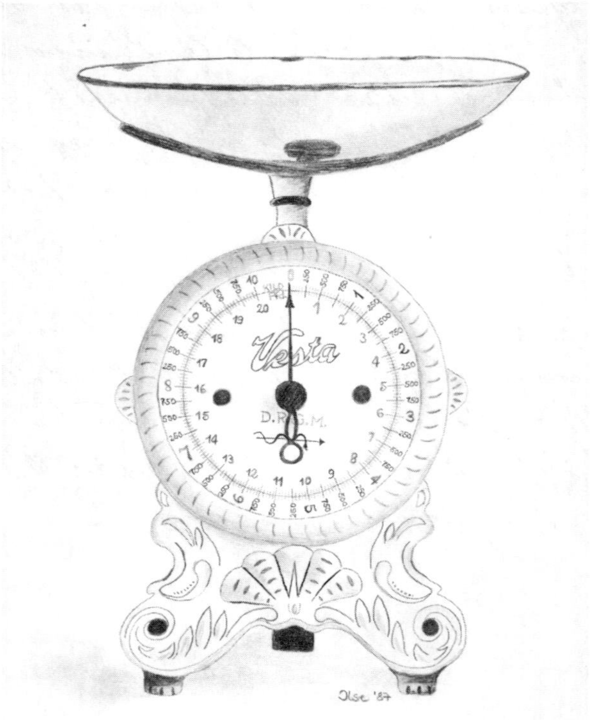

Schlachten Wursten

Hausschlachtungen im Münsterland

Wenn im Herbst die Arbeit im Garten beendet war, die Gartenstücke umgegraben, die Kartoffeln eingekellert, die Runkeln schon in der Kuhle lagen, dann war es Zeit, an das Schlachten zu denken.

Es gab einige Gründe, die dafür in Betracht gezogen werden mußten. Zum Beispiel war am 19. November das Namesfest der Heiligen Elisabeth. In den Dörfern des Münsterlandes gab es kaum eine Familie, in der es nicht mindestens eine Elisabeth gab. Daher mußte für diesen Tag, was das Essen anbetrifft, vorgesorgt werden. Um diese Jahreszeit kamen auch die ersten stärkeren Fröste, die bewirkten, daß das frischgeschlachtete Fleisch einmal durchfrieren konnte. Dieses war sehr zweckmäßig und wichtig.

Tücher für das Wurstebrot wurden zusammengesucht, Schlehendornen, die man bereits im frühen Herbst gesucht hatte, mußten angespitzt werden. Diese waren notwendig, um die Enden der Würste zusammenzustecken. Das hölzerne Pökelfaß wurde gesäubert und mit Wasser gefüllt, damit es rechtzeitig dicht wurde. Eimer, Schüsseln und Wannen, Schäumer, Kellen und Durchschläge, Wurstmaschine, Holzlöffel, Schmalztöpfe, Bratentöpfe stellte man bereit, und die Messer, auch das von der Wurstmaschine, wurden geschärft. Der Krummstock mußte gebürstet, und die Schlachtgewürze wie Salz, Pfeffer, Lorbeerblätter und Zutaten wie Wurstbänder und Mehl für das Wurstebrot wurden gekauft.

Eine Flasche Korn wurde auch gekauft; für den Schlachter und für die Nachbarn, die beim Wursten mithalfen. "Damit das Schwein nicht beißt" sagte der Vater, und meinte wohl; damit man sich nicht den Magen verdirbt bei dem vielen Probieren von Wurst, Wurstebrot und Mett und dem Geruch beim Schmalzausbraten.

Dann wurde der Schlachter ins Haus bestellt. Oft waren es Maurer, die im Winter der Witterung halber keine Arbeit hatten.

Morgens gegen 5 oder 6 Uhr war dann Arbeitsbeginn. Der große Waschtopf wurde mit Wasser gefüllt und kochte bereits, wenn der Schlachter ins Haus kam. Kinder hatten beim Schlachten nichts zu suchen, das erlaubten die Erwachsenen nicht. Selbst die Mutter war nie dabei, wenn das Schwein geschlachtet wurde.

Wenn das Schwein getötet war, eilte der Vater mit einer großen Blechkanne hin und her, um kochendes Wasser zu holen. Durch Begießen lösten sich die Borsten vom Schwein sehr bald.
Wenn das Schwein sauber war, wurde es mit einem starken Krummhaken an die Leiter gehängt. Die Innereien und die Därme wurden herausgenommen und zum Auskühlen nach draußen gestellt.
Am Abend zerteilte der Metzger das Schwein. Dabei durften die Kinder dann zusehen. Sehr beeindruckt hat sie immer der dicke Speck, er war oft 10 cm dick, und erst die dicken Schinken. Mit sehr viel Geschick wurde das Schwein zerlegt. Die Messer waren sehr groß und spitz und gut gepflegt. Zwischendurch wurden sie immer noch mit einem Wetzeisen geschärft. Die weiße Schlachterschürze blieb den Kindern im Gedächtnis; sie war, wenn die Arbeit beendet war, auch reif für die große Wäsche.
Am 2. Tag wurde dann morgens schon in aller Frühe das Fett zerschnitten, und der Vater hat dann kraftvoll das Fett durch den Fleischwolf gedreht. In großen Guß- und Eisentöpfen wurde das Fett bei mäßiger Hitze ausgelassen, abgeseiht durch starke emaillierte Durchschläge und in große tönerne, oft blau bemalte Gefäße gefüllt und nach dem Erkalten mit einem Tuch bedeckt. Das Fleisch vom Kopf wurde mit viel Gewürz und Zwiebel und Porree im großen Kessel mit reichlich Wasser gargekocht, das roch dann schon viel besser und duftete bald durchs ganze Haus. Der Vater war ein Suppenkaspar und mußte dann öfter mal die Suppe probieren.
Das Fleisch wurde dann durch die Wurstmaschine zerkleinert, in mehrere Töpfe und Wannen verteilt und Leberwurst, Blutwurst, Schwartenmagen usw. mit den verschiedenen Gewürzen angemengt und in die bereitgestellten Därme gefüllt. Die Därme wurden mit einem Schlehendorn und einem Band zum Aufhängen verschlossen. Die Wurst und auch der Schwartenmagen, den man besonders gut hergerichtet hatte, mußte zwei Stunden im Kessel gekocht werden.
Aus Wurstbrühe, Fleischresten, Grieben (Überreste vom Schmalzauslas-

sen), Mehl, Gewürz und Blut wurde das Wurstebrot gemacht. Es wurde in Tücher geschöpft und zugebunden und auch 2 Stunden im Kessel gekocht. Zum Schluß wurden dann die Mettwurst und die Kochwurst gemacht. In einer Wanne wurde das schöne rote, fein durchgedrehte Fleisch mit Salz und Pfeffer und Salpeter gemengt, die dünnen Därme mittels einem geeigneten Wursthörnchen vor die Wurstmaschine gestülpt und die Wurst eingestopft.

Die Schlachttage waren gute Tage. Es wurden die Braten gebraten, und die Leber füllte die Bratpfanne. Kartoffeln, Gemüse oder eingelegte Gurken und eingemachtes Obst oder Apfelmus mußten unbedingt dazu gegessen werden, um den Magen zu schonen.

Am Abend wurde dann das Pökelfaß bereitgestellt. Etwa 20 Pfund grobes Salz, das man in der Drogerie eingekauft hatte, wurde benötigt, um Speck, Schinken und Kleinfleisch einzupökeln. Wenn das Faß voll war, wünschte der Schlachter: "Nun eßt es in Gesundheit auf!"

Ende Januar wurde dann das zweite Schwein geschlachtet. Somit kam man dann einigermaßen gut durch den Winter.

Vom münsterländischen Schinken

Das Glanzstück der münsterländischen Küche, eine Spezialität, die weit über Westfalen hinaus bekannt ist, ist der Schinken. Im Roman "Der abenteuerliche Simplizissimus" wird bei der Betrachtung des Wiems folgender Ausspruch getan:" O mirum! Da sehe ich, daß der schwarze Himmel auch schwarz voller Lauten, Flöten und Geigen hinge, ich vermeine aber die Schinken, Knackwürste und Speckseiten, die sich im Kamin befanden. Diese blickte ich trostmütig an, weil mich bedünkte, daß sie mit mir lachten." Auch Heinrich Heine sprach vom Münsterland als Vaterland des Schinkens.

Der typisch charakteristische Geschmack des Schinkens geht auf die Fütterung der Schweine zurück, früher sorgte die Eichelmast dafür, daneben spielt die Reifung eine zentrale Rolle. In den Bauernhöfen befand sich oberhalb des Herdfeuers der Rauchfang (= Wiem). Darin war ein System aus Holzstangen angebracht, daran wurden Würste, Speck und Schinken aufgehängt. Im Rauch erhielten sie einen würzigen Geschmack. Im frühen 20. Jahrhundert wurde vielfach der Wiem durch Räucherkammern ersetzt. Aber auch der luftgetrocknete Schinken war im Münsterland wichtig.

Der Schinken wurde entsprechend zunächst gepökelt, dann nach einigen Wochen mit Pfeffer gewürzt, mit einem Leinensack an einem trockenen Platz aufgehängt und mußte dann mindestens ein halbes Jahr reifen. Wenn man davon ausgeht, daß im Winter die Hausschlachtung durchgeführt wurde, konnte der Schinken zu Pfingsten angeschnitten werden.

Auf den münsterländischen Bauernhöfen wurde der Schinken nicht versteckt. Entweder hing er im Wiem oder aber in einer Ecke der Küche, damit er jederzeit angeschnitten werden konnte.

Zu Schinken, der hauchdünn geschnitten werden muß, gehören selbstgebackener Bauernstuten und natürlich ein Bier und ein klarer Schnaps.

Schinkenwurst

1 Pfd Rindfleisch fein gemahlen
1½ " Schweinefleisch grob
½ " Speckwürfel gebrüht
30 gr. Pökelsalz
⅛ Pfd Kartoffelmehl
¼ ltr. Wasser
etwas Senfkörner
1 Prise Muskat
etwas Pfeffer

Kartoffelmehl mit Wasser anrühren Rindfleisch und Schweinefleisch dazugeben, durcheinander arbeiten, Gewürze hinzugeben und die gebrühten Speckwürfel. Dann in Gläser füllen und auf 90° eine Stunde ziehen lassen

Schweine Halbe Kopp (Backe)

Zutaten: frische oder
geräucherte Backe
Salz, Wasser, Pfeffer u. viele Zwiebeln

Zubereitung:
Backe in Salzwasser kochen, Schwarte lösen, Backe pfeffern und dick mit Zwiebeln belegen. Schwarte wieder darüber klappen u. mit Holzstäbchen (oder früher mit Schlehendörner) fest stecken, auskühlen lassen.

Was wäre früher im Münsterland Weihnachten oder Ostern gewesen, wenn es nicht Weihnachten nach der „Ucht" Halbe Kopp (Backe) gegeben hätte? und Ostern erst, nach langem Fasten, gab es auch Halbe Kopp (Backe) auf Stuten mit Schwarzbrot zum Frühstück.

Wurstebrot!

Zutaten:

Brühe, Blut, Speck, Fleischreste, Schwarten, Schriewen, Salz, Pfeffer, gem. Nelken, Cumin, Mehl u. Roggenmehl grob.

Zubereitung:

Brühe und das durchgesiebte Mehl mit den übrigen Zutaten und das Blut zu einem steifen Teig verarbeiten.

Die Masse wird in Leinen oder Papiertüten gefüllt und siedend 1½ - 2 Std. gekocht.

„Für die Wintermonate eine kräftige Mahlzeit."

Mettwurst in Gläsern.

3 kg. durchwachsenes Schweinefleisch
durch den Wolf drehen
1-2 Teel. Pfeffer 4 leicht geh. Eßl. Salz
1 Eßl. Pökelsalz
Das Fleisch mit den überigen Zutaten
vermengen. Das Mett in die dafür
vorbereiteten Gläser füllen und
etwa 1 1/2 Stunden zukochen.

Eingelegtes Eisbein.

8 nicht zu große Eisbeine (ohne Knochen)
etwas Salz, 1 Kg. gewürztes Mett.
Die Eisbeine waschen und gut Salzen.
Das Mett in 8 Portionen teilen und
in die Mitte der Eisbeine legen, zu-
sammenrollen und in die vorbereiteten
Gläser füllen.
Die gefüllten Eisbeine, dann etwa
2 Stunden zu kochen.

Hausmacher-Leberwurst!

Zutaten:

Bauchfleisch, Schwarten, Leber, Pfeffer, Majoran, gem. Nelken, Salz, Zwiebeln und etwas Brühe.

Zubereiten:

Das gekochte Fleisch u. Schwarten durch den Fleischwolf drehen. Leber von den Sehnen befreien und ganz fein durchdrehen. Alle Gewürze u. Brühe dazugeben.

Im Darm- od. Papiertüten einfüllen. 1 Std. bei siedender Temperatur ziehen lassen. Danach kalt überspülen, aufhängen und leicht räuchern.

„Sehr herzhaft."

Schwartemagen.
1 kg Eisbein, 250 gr. Schwarten
3/4 ℔ Schweinefleisch, 2 Schweineohren
Salz, Pfeffer, Zwiebeln u. Brühe.

Eisbein und Schweineohren werden einige Tage in Salzpökel gelegt, dann mit Schweinefleisch und in wenig Wasser aufgesetzt und halb gar gekocht. Die Knochen werden ausgelöst, Fleisch u. Eisbein in grobe Würfel, die Schwarten in feine Streifen geschnitten und mit der klargekochten Brühe, die durch Pfeffer, feingehackte Zwiebel und das Salz schmackhaft gemacht ist, vermischt. Man füllt die Masse in gereinigte Schweinemagen und Blasen und läßt sie 2 Stunden mehr ziehen als kochen.
Der Schwartemagen wird dann bis zum Erkalten zwischen zwei Bretter gelegt.

So hat es Großmutter gemacht.

Pannhas!

Fleischreste, Salz, Pfeffer,
gem. Nelken, Schriewen,
Buchweizenmehl od Graupen
und Mehl, Brühe, Blut.

Zubereitung:

gekochte Fleischreste durch den Wolf drehen. Gewürze dazu geben und mit Brühe auffüllen, etwas Blut dazu wegen der Farbe. Mehl dazu geben und langsam kochen und quellen lassen, bis die Masse dicklich vom Löffel fällt. In einer Schüssel füllen und erkalten lassen.

„Ein alt westfälisches Gericht."

Prucks in der Pfanne

Zutaten:

4 Scheiben Wurstebrot
3 Äpfel
Wasser
etwas Essigessenz
Fett

Zubereitung:

Fett in der Pfanne erhitzen, das kleingebrochene Wurstebrot und die in Würfel geschnittenen Äpfel bei geringer Hitze andünsten. Mit Wasser auffüllen, einen Schuß Essigessenz hinzugeben und so lange unter häufigem Umrühren kochen lassen, bis eine zähe Masse entsteht. Diese kommt heiß in der Pfanne sofort auf den Tisch.

Drensteinfurter Spezialität!

war früher wichtiges Hauptnahrungsmittel auf jedem Bauernhof.

Dazu: Bauernstuten, Bier
und einen Klaren!

Wurstebrot in Scheiben gebraten

Das Wurstebrot in zentimeterdicke Scheiben schneiden und in Schmalz oder Grieben braten.
Äpfel schälen, das Gehäuse entfernen, in Scheiben schneiden und braten.
Auf jede Wurstebrotscheibe eine Apfelscheibe legen.

Leberwurst und Blutwurst

Leberwurst und Blutwurst in Scheiben schneiden und in heißem Schmalz von beiden Seiten kurz braten.
Zu Wurzelgemüse und sonstigem Eintopf wurde es oft und gern gegessen.

Einkochen Einlegen Einmachen

Einmachen von Gemüse u. Früchte

Das Einmachen muß mit peinlichster Sorgfalt geschehen. Alle Töpfe, Schüssel u. Löffel müssen vor dem Gebrauch gut gereinigt werden. Die geringste Unsauberkeit kann das Verderben der Früchte bewirken, sodaß alle Mühe umsonst ist. Die Haltbarkeit der Gemüse und Früchte wird durch Luftabschluß und Hitze bedingt. Auch die Gläser u. Deckel dürfen keine abgestoßenen Stellen zeigen ebenso die Gummiringe müssen tadellos passend sein. Wenn dieses alles befolgt wird werden auch die Gläser bis zum Gebrauch zu bleiben und man hat ja auch seine Freude daran.

Im Winter ist man froh wenn man Eingemachtes aus dem Keller holen kann.

Pflaumen-Mus
wie Großmutter es machte 1925

1 Eimer Pflaumen wurden trocken mit einem Tuch abgerieben, halbiert und die Steine entfernt. Die Pflaumen wurden mit einem Pfund Zucker in einen großen Topf getan, und eine Nacht in den Keller gestellt. Am nächsten Tag wurde der Topf leicht geschüttelt damit der Saft überall den Boden bedeckte, und hinten auf den Herd gestellt. Hier hatte er 3 Tage Zeit zum Kochen Das Mus wurde nicht umgerührt, um ein Ansetzen zu vermeiden. 3 Tage kochte nun das Mus so vor sich hin, dann wurde es durch den Fleischwolf gedreht, um die lästigen Schalen zu zerkleinern. 1 Päckchen Salizil wurde zur Haltbarkeit untergerührt.
Das Mus kam in einen Steintopf und wurde mit einem Küchentuch abgedeckt.
Die Mutter hat dann in späteren Jahren das Mus bei 80° grad 20 Min. in Einkochgläser eingekocht. etwa 1945

Erdbeer-Rhabarber-Marmelade

Zutaten für 4 Gläser mit 250 ml Inhalt:
1 kg Erdbeeren, 500 g Rhabarber, 1,5 kg Gelierzucker

Erdbeeren waschen und Stielansätze abzupfen. Dann vierteln. Rhabarber waschen, schälen und in fingerdicke Stücke schneiden. Alles mit dem Gelierzucker in einen großen Topf geben. 1 Minute sprudelnd kochen lassen. Gläser mit kochend heißem Wasser ausspülen, abtropfen lassen und die Marmelade einfüllen. Mit Schraubdeckeln oder Einmach-Cellophan verschließen. Man kann auch Kalorien sparen, indem man statt Gelierzucker, speziellen Konfitürenzukker verwendet. Er hat nur die Hälfte Zucker, aber die gleiche, volle Gelierwirkung.

Marmeladen

Erdbeermarmelade

Die gewaschenen Erdbeeren lasse man ablaufen, man läutere soviel Zukker, daß Zucker und Fruchtgewicht gleichviel betragen, gebe ein wenig Wasser dazu die Erdbeeren hinein und lasse alles kochen, bis es dick ist, was wohl 1 Stde dauert. Statt Zucker zu läutern, kann man auch Stampfzucker durch die Beeren streuen. 24 Std. darin lassen und kochen nachdem. Die Marmelade fülle man in geschwefelte Gläser, versehe sie mit Rumpapier und binde sie zu.

Alle Marmeladen dienen zum Bestreichen der Torten und anderen Backwerks.

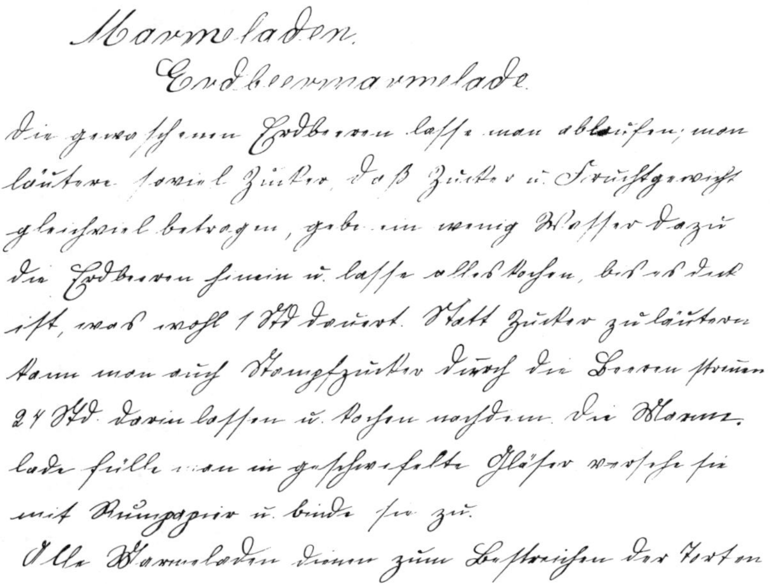
Marmeladen.
Erdbeermarmelade
Die gewaschenen Erdbeeren lasse man ablaufen, man läutere soviel Zucker, daß Zucker u. Fruchtgewicht gleichviel betragen, gebe ein wenig Wasser dazu die Erdbeeren hinein u. lasse alles kochen, bis es dick ist, was wohl 1 Std dauert. Statt Zucker zu läutern kann man auch Stampfzucker durch die Beeren streuen 24 Std. darin lassen u. kochen nachdem. Die Marmelade fülle man in geschwefelte Gläser versehe sie mit Rumpapier u. binde sie zu.
Alle Marmeladen dienen zum Bestreichen der Torten u. andern Backwerks.

Gelee auf andere Art.

Nachdem der vorgerichtete Saft mit Stückzucker aufs Feuer gebracht ist, läßt man ihn ¾–1 Std langsam kochen, dann 1 Std. erkalten, u. nachdem die Haut entfernt, füllt man ihn in Gläser.

Himbergelee.

Derselbe wird wie Johannisbeergelee bereitet, doch muß der ausgepreßte Saft 5–6 Tg. stehen. Er wird durchgesiebt u. nach vorheriger Angabe behandelt.

Äpfelgelee.

Gute saftige Äpfel schneide man in 4 Teilen, koche sie eben mit Wasser bedeckt gut gar, schütte sie auf einen mit Mulltuch bedeckten Durchschlag, lasse sie bis zum folgenden Tage stehen, damit sie recht trocken ablaufen, schütte den Saft klar ab, gebe auf je 1 ℔ Saft 1 ℔ Zucker, koche u. schäume erstere, bis er klar u. dick ist. Zur Probe lasse man einige Tropfen auf einen Teller erkalten.

Gelee auf andere Art

Nachdem der vorgerichtete Saft und Stückzucker aufs Feuer gebracht ist, läßt man ihn 1/2 bis 1 Stunde langsam kochen, dann 1 Stunde erkalten, und nachdem die Haut entfernt, füllt man ihn in Gläser.

Himbeergelee

Derselbe wird wie Johannisbeergelee bereitet, doch muß der ausgepreßte Saft 5-6 Tage stehen. Er wird durchgesiebt und nach vorheriger Angabe behandelt.

Äpfelgelee

Gute saftige Äpfel schneide man in 4 Teile, koche sie eben mit Wasser bedeckt gut gar, schütte sie auf einen mit Mulltuch bedeckten Durchschlag, lasse sie bis zum folgenden Tage stehen, damit sie recht trocken ablaufen, schütte den Saft klar ab, gebe auf je 1 Pfd Saft 1 Pfd Zucker, koche und schäume erstere bis es klar und dick ist. Zur Probe lasse man einige Tropfen auf einem Teller erkalten.

Johannisbeergellee

Die Beeren werden gewaschen, und mit ganz wenig Wasser bis zum platzen gebracht. Dann schüttet, man das Ganze auf ein Tuch und läßt den Saft abtropfen. der Saft wird gewogen, nun nimmt, man auf 1. Pf. Saft. 1. Pf. Zucker. den Zucker setzt man mit etwas Wasser auf, und läßt unter rühren solange, Kochen bis er wieder Krümmelich geworden ist. Jetzt Kommt der Saft hinzu, läßt ihn wieder aufKochen, und füllt den fertigen Gellee in die Gläser.

Johannisbeergelee

Die Beeren werden gewaschen, und mit ganz wenig Wasser bis zum platzen gekocht, dann schüttet man das Ganze auf ein Tuch, und läßt den Saft abtropfen, der Saft wird gewogen, nun nimmt, man auf 1 Pfd. Saft 1 Pfd. Zucker. Den Zucker setzt man mit etwas Wasser auf, und läßt unter rühren solange, kochen bis es wieder krümmelich geworden ist. Jetzt kommt der Saft hinzu, läßt ihn wieder aufkochen, und füllt den fertigen Gelee in die Gläser.

Rumtopf

So wird's gemacht:

Früchte waschen,
eventuell klein schneiden. Je 500 g Obst
mit 250 g Zucker bestreuen, 1 Stunde ziehen
lassen. Die erste Füllung mit 1 Flasche
Rum begießen, jede weitere mit je einer
½ Flasche.

Ganz wichtig:
Nur die besten Früchte verwenden. Der Rum
muß 54 Vol-% haben.

Früchtekalender:

Juni: Erdbeeren
Juli: Sauerkirschen, Himbeeren
August: Pfirsiche, Aprikosen
September: Zwetschen
Oktober: Birnen
November: Ananas

Dörrobst

Pflaumen, Äpfel, Birnen und Aprikosen.

Pflaumen werden gesäubert, Äpfel werden geschält und in Ringe geschnitten. Birnen werden geschält und bleiben ganz. Aprikosen werden halbiert und entsteint. Diese gemischte Frucht gibt man auf eine Hürde im Backofen. Bei gleichmäßiger Hitze wird das Obst des öfteren umgedreht bis es trocken ist.

Man kann dann dieses Dörrobst kochen mit Zucker. Ist es gar so wird es mit Mondamin etwas angedickt.

Nach dem Erkalten kann man dieses Dörrobst zu dicken Reis oder Nudel servieren.

Süße Gurken.

Dieselben müssen recht hart u. frisch vom Lande genommen werden, sie werden geschält u. lang in der Hälfte durchgeschnitten, kratzt innen die ganzen Kerne aus u. schneidet in vier lange Teile, giebt sie fünf Minuten in kochendes Wasser, aber nicht kochen lassen, nimmt sie heraus u. trocknet sie mit einem Handtuch ab, kocht dann auf 3 Pfd. Gurken ½ Ltr. Weinessig u. 1 Pfd. Zucker mit 8 g Zimmt 4 g Nelken 2 g Muskatenblüte u. 3 Stückchen Ingwer. Läßt den Zucker solange kochen, bis er dick ist, giebt dann die Gurken hinein, läßt sie halb weich kochen u. stellt sie dann mit dem Zucker kalt wiederholt 2mal in 3 Tagen das Kochen der Gurken das letztemal werden nach dem Kochen die Gurken in ein Sieb gegeben, sind sie gut abgetropft, so giebt man sie in ausgeschwefelte Büchsen od. Gläser giesst den Saft, welcher gut eingekocht sein muß, darüber.

Eingelegte Dillgurken

Zutaten: 2,5 kg Schlangengurken, diese schälen, halbieren und in 2 cm große Stücke schneiden

Einlegesud:

- 1 l Weinessig
- 1/2 l Wasser
- 250 g Zucker
- 2 EL Salz
- 2 Zwiebeln → würfeln
- 50 g Meerrettich
- 2 EL mittelscharfer Senf
- 2 EL grünen Pfeffer

erhitzen u. 5 Min. aufkochen lassen

- 2 Bd Dill → entstielen

Zubereitung: Gurken in Gläser füllen, mit Dill bestreuen und mit Sud übergießen, erkaltet mit Einmachcellophan verschließen, 1 Woche kühl stehen lassen

Sauerkraut einmachen

Wie Großmutter es machte.

.....

1 Holzfaß, 50 kg Weißkohl
1 kg Salz, einige Wacholderbeeren

.....

Die festen Weißkohlköpfe wurden auf einer großen Kapsscharbe (konnte man bei Kampmann leihen) recht fein gehobelt und lagenweise mit Salz und Wacholderbeeren eingestreut. Kinder, die gerne zusahen und mithalfen bekamen zu diesem Anlaß ein paar neue Holzschuhe. Mit diesen durften sie dann den Weißkohl lagenweise im

Faß festtreten bis der Saft das Kraut bedeckte.
War das Faß voll, wurde ein Tuch aufgelegt, darauf kam ein Holzbrett und einen etwa 2 kg schweren Findling zum Beschweren. Jede Woche wurde Sauerkraut aus dem Faß entnommen; anschließend Tuch und Stein gereinigt.
Oft taten sich auch mehrere Familien zusammen um dem „Faß" Herr zu werden. .....
Freitags aß man überall Sauerkraut mit Stampfkartoffeln.

Kuchen Gebäck Brot

Von Kuchen und Torten

Die Variationsbreite der Kuchen, die im Münsterland früher vor allem auf dem Lande auf den Tisch kamen, war insgesamt äußerst gering und auf bestimmte Kuchen und Torten fixiert, die auf die Anlässe abgestimmt und fast immer identisch waren.

Gerade in der Erntezeit, wenn Schulkinder zum Beispiel beim Kartoffelkratzen auf den Bauernhöfen mithelfen mußten, war es wichtig, daß auch Vernünftiges für den Magen auf das Feld gebracht wurde. In der Volksschule wurde vom Lehrer bekanntgegeben, daß bei den Bauern Arbeitskräfte gesucht wurden, die bei der Ernte mithelfen wollten. Gerade in den oberen Klassen konnte sich so mancher Schüler sein Taschengeld aufbessern, wenn er einen Nachmittag Runkeln zog oder Kartoffeln kratzte. In der Arbeitspause kam dann die Bäuerin oder eine Tochter und brachte eine Blechkanne mit Kaffee, Schinkenschnitten und Kaffeekuchen, der frisch von der Plate kam. Der Streuselkuchen war fester Bestandteil bei Pausen in der Feldarbeit.

Wenn in der Familie, Verwandtschaft oder Nachbarschaft eine Namenstagsfeier anlag, besonders zu Anna, Regina, Elisabeth, Bernhard und Heinrich gab es fast in jeder Familie ein Namenstagskind, wurde schon opulenter aufgetischt. Zum festlich gedeckten Tisch gehörten mehrere Sorten von Kuchen. Zwei Buttercremetorten, eine Schwarzwälder-Kirsch, eine Obsttorte mit Sahne und ein fester Kuchen wie Marmor- oder Sandkuchen gehörten zum obligatorischen Kuchenprogramm. Auch an Feiertagen, an denen sich die gesamte Verwandtschaft traf, wurde gewaltig aufgetischt. Es war kaum möglich, alle Kuchen und Torten durchzuprobieren.

Ansonsten in der Woche gab es Kuchen nur selten. Lediglich am Sonntagnachmittag kam schon einmal eine Appeltate, ein gedeckter Apfelkuchen vom Blech, oder ein aus Pflaumenmus erstellter Pflaumenkuchen, der mit Teigstreifen rautenförmig verziert wurde, auf den Tisch.

Biskuitrolle

Zutaten:

4 Eigelb, 4 Eßl. warmes Wasser, 125 gr. Zucker, 1 P. Vanille Zucker, 4 Eiweiß, 70 gr. Mehl, 70 gr. Stärke, ½ P. Backpulver

Füllung: ½ l Sahne, 1 P. Vanille Zucker, 75 gr. Puderzucker, 500 gr frische Erdbeeren.

Zubereitung: Eigelb mit Wasser und Zucker schaumig schlagen. Steifgeschlagenen Eischnee auf die Eigelbcreme geben. Mehl, Stärke und Backpulver mischen und darübersieben. Alles vorsichtig unter die Eicrememasse ziehen. Den Teig auf ein mit Pergamentpapier belegtes Backblech streichen. Bei guter Hitze etwa 15 Minuten backen. Nach dem Backen den Biskuit sofort auf ein zuckerbestreutes Küchentuch stürzen und das Papier abziehen. Biskuit lose mit dem Küchentuch abrollen und erkalten lassen. Sahne und Zucker schlagen. Die Erdbeeren unterheben. Die Biskuitrolle vorsichtig abrollen, mit Sahne und Erdbeeren füllen, wieder aufrollen und mit Puderzucker bestreuen.

Buttercremetorte

Zutaten: 4 Eier, 3-4 Eßl. warmes Wasser,
125 gr Zucker, 1 P. Vanille Zucker, 50 gr Mehl,
50 gr Stärkemehl, ½ Teelöffel Backpulver.

Füllung: 1 Glas Marmelade, ½ l Milch,
50 gr Zucker, 1 Puddingpulver, ½ Pfd. Butter,
100 gr. Zucker, eine Prise Salz, 1 Zitronen-Aroma.

Die ganzen Eier, Zucker, Wasser und Aroma sahnig schlagen. Das gesiebte Mehl vorsichtig unterziehen.
Den Boden der Springform mit gefettetem Papier auslegen, den Teig einfüllen und bei mäßiger Hitze backen.

Füllung: 1 Glas Marmelade
Aus Milch, Zucker und Puddingpulver einen Pudding kochen und erkalten lassen. Einige Male umrühren, damit sich keine Haut bildet.

Moccacremetorte

Zutaten für den Boden:
4 Eier, 4 Eßl. heißes Wasser, 150 gr Zucker, 1 P. Vanille Zucker, 150 gr Mehl, 1 Puddingpulver, 2 Eßl. Kakao, ½ P. Backpulver

Eier, Wasser, Zucker und Vanille Zucker mit dem Schneebesen zu einer festen Schaummasse schlagen. Mehl, Puddingpulver, Kakao und Backpulver mischen und darübersieben.
Alles lose miteinander vermengen.
Den Teig in eine Springform geben und etwa ½ Stunde bei Mittelhitze backen. Nach dem Erkalten (am besten am nächsten Tag) zweimal durchschneiden.
Füllung: ¼ l Milch, 5 Eßl. Zucker, ¼ l sehr starken Kaffee, 1 Puddingpulver, 300 gr Butter.
Aus Milch, Kaffee, Zucker und Puddingpulver einen Pudding kochen. Butter sahnig rühren und löffelweise die erkaltete Creme darunterrühren. Die Tortenböden damit bestreichen und übereinanderlegen. Torte auch außen mit Creme bestreichen. Den Spritzbeutel mit Creme füllen und schön garnieren.

Inzwischen Butter und Zucker schaumig rühren. Den Pudding löffelweise zu der gerührten Butter geben. Die Creme ½ Stunde kaltstellen.

Den Boden mit einem großen Messer 2x durchschneiden. Den 1. Boden mit Creme bestreichen und den 2. mit Marmelade. Die Böden aufeinander setzen und ringsrum und obendrauf mit Creme bestreichen.

Den Rest der Creme in eine Spritztülle geben und den Kuchen damit verzieren.

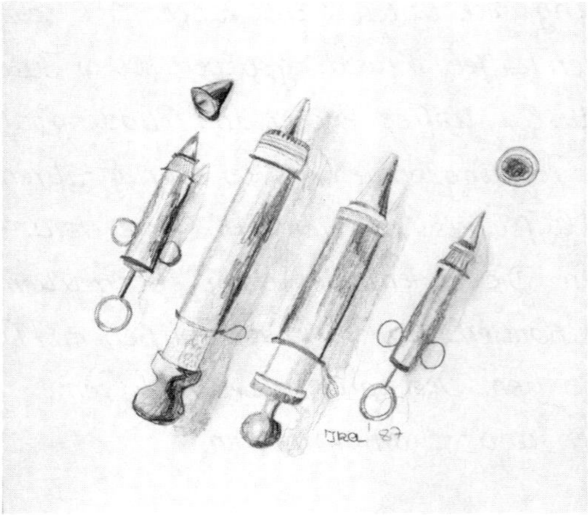

Zitronenblitzkuchen

Zutaten:

4 Tassen Mehl
4 Päckchen Backpulver
3 Tassen Zucker
1 Tasse Öl
1 Tasse Zitronensprudel
4 Eier

Für den Guß:
1 Paket Puderzucker
Saft von $1\frac{1}{2}$ - 2 Zitronen

Zubereitung:
Die zuerst angegebenen Zutaten in eine Rührschüssel geben und mit dem Mixer etwa 2 Minuten lang verrühren. Den Teig auf ein eingefettetes Backblech geben und 20 Minuten bei 190°C im vorgewärmten Ofen abbacken. Nach dem Backen wird der Kuchen mit dem Zitronenguß überzogen.

Guten Appetit!

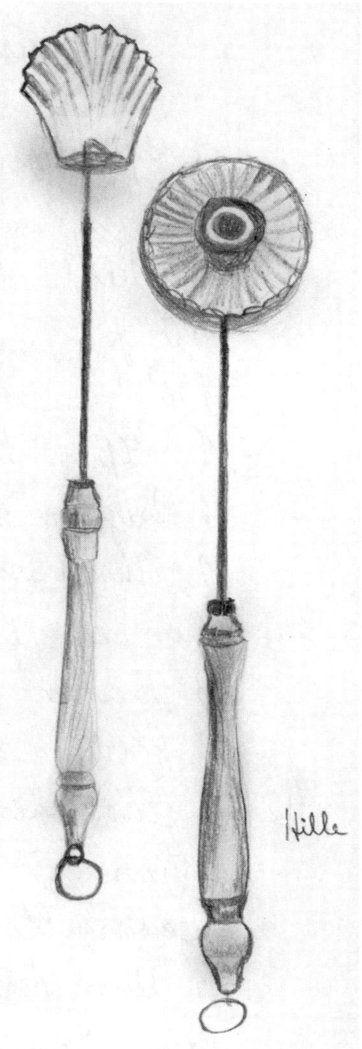

Schwarzwälder-Kirschtorte.

4 Eier
2 Eßl. warmes Wasser
200 gr. Zucker 1 Vanillezucker
2 Teel. Backpulver
50 gr. Gustin
150 " Mehl
1 Eßl. Kakao
2 Tropfen Bittermandelaroma
1 Messerspitze Zimt

Für die Füllung:
3 Becher Sahne
1 Glas Sauerkirschen
1 Fläschchen Kirschwasser
etwas Gustin
geraspelte Blockschokolade
1 Päckchen gemahlene Gelantine
oder Sahnesteif 2 Päckchen

Zubereitung:

Wasser und Eigelb mit einem Schnee-
besen schaumig schlagen und nach
und nach 2/3 des Zuckers mit dem Vanille-
zucker dazugeben. Danach so lange
schlagen bis eine cremeartige Masse
entstanden ist. Unter den Eigelbcrem
die Gewürze rühren. Das Eiweiß zu
steifen Schnee schlagen. Der Schnee
muß so fest sein, daß ein Messerschnitt
sichtbar bleibt. Dann unter ständi-
gem Schlagen nach und nach den
Rest des Zuckers dazugeben. Den Schnee
auf die Eigelbcreme geben. Darüber das
mit Speisestärke, Kakao und Backin
gemischte Mehl sieben. Alles vorsichtig
unter die Eigelbcrem ziehen (nicht rühren)
und den Teig in die mit Papier ausgelegte
Form füllen.

Strom 180–190   40 Minuten backen

Für die Füllung:
Ein Glas entsteinte Sauerkirschen,
Zucker nach Geschmack hin-
zugeben, zum Kochen bringen 40 gr
Gustin mit etwas Wasser an-
rühren und dazugeben durchkochen
lassen und kalt stellen. Dann
das Kirschwasser dazugeben.
Sahne halbsteif steigen dann die
aufgelöste Gelatine oder 2 Päckchen
Sahnesteif langsam unterschlagen
und steif schlagen. Boden 2 mal
durchschneiden und füllen, erst mit
Kirschen dann mit der Sahne bei
dem zweiten Boden das Gleiche. Oben
auf und rund herum mit dem
Rest Sahne bestreichen und mit ge
raspelte Schokolade bestreuen.

Annakuchen

(Ein Kuchen, der sehr lange frisch bleibt)

Zutaten:

375 gr. Butter, 375 gr. Zucker, 375 gr. Eier,
375 gr. Mehl, 1 P. Backpulver,
200 gr. grob geraspelte Schokolade,
200 gr. grob geraspelte Mandeln,
300 gr. Zitronat, 1 abgeriebene Zitronenschale.

Zubereitung: Die Butter sahnig rühren und abwechselnd Eigelb und Zucker dazugeben und schaumig rühren.
Das gesiebte Mehl und Backpulver dazugeben und zuletzt das steifgeschlagene Eiweiß, die Schokolade, Mandeln, Zitronat und Zitronenschale vorsichtig unterheben.
Den Teig in eine gefettete Springform füllen und zunächst 15 Minuten bei 150°C, dann 1 Stunde bei 200°C backen.

Frankfurter Kranz

Zutaten:

300 gr. Mehl, 200 gr. Mondamin, 4 Eier,
1/8 l. Milch, 1/2 Pfd. Butter, 200 gr. Zucker,
1 P. Backpulver, 1 P. Vanille Zucker,
1 Zitronen-Aroma.
Für den Krokant: 150 gr. Zucker, 125 gr. Nüsse
Für die Creme: 1/2 l. Milch, 1 Puddingpulver,
1/2 Pfd. Butter, 5 Eßl. Zucker.
Füllung: 1/2 Pfd. (Aprikosen)marmelade

Aus den Zutaten einen Kuchenteig herstellen, in eine Kranzform geben und bei mäßiger Hitze etwa 50 Minuten backen. Den Kuchen nach dem Erkalten 3x durchschneiden.
Für die Creme: Einen Pudding kochen, erkalten lassen und mit der schaumiggeschlagenen Butter vermischen. Den Kuchen abwechselnd mit Buttercreme und Marmelade füllen und auch von außen mit Creme bestreichen. Krokant aus Zucker und Nüssen herstellen und den Kuchen damit bestreuen.

Nußkuchen

Zutaten:
250 gr. Butter oder Margarine, 4 Eier,
125 gr. Zucker, 1 Schnapspinnchen Rum,
½ P. Backpulver, 250 gr. Mehl,
250 gr. gemahlene Haselnüsse,
100 gr. geriebene Blockschokolade, Milch

Zubereitung: Das Fett schaumig rühren, Zucker, Eier und Rum hinzufügen; Mehl mit Backpulver sieben und hinzugeben. Nüsse und Schokolade hinzufügen und eventuell mit Milch etwas verdünnen. Die zähe Masse in eine eingefettete Form füllen und im vorgeheizten Backofen bei 175°C ca. 60 Minuten backen.
Anschließend nach dem Abkühlen mit einem Schokoladenguß versehen.

Mamorkuchen

Zutaten:

200 gr Fett, 250 gr Zucker, 1 P. Vanille Zucker, 3 Eier, 500 gr Mehl, 1 P. Backpulver, etwa 1/4 l Milch, 2 Eßl. Kakao

Zubereitung: Fett verrühren, Zucker, Vanille Zucker und die Eier dazugeben und schaumig rühren.
Das gesiebte Mehl und die Milch unterrühren und zuletzt das mit einem Rest Mehl vermischte Backpulver unter den Teig geben.
Den Teig teilen und eine Hälfte mit dem Kakao verrühren.
Die Masse schichtweise in eine gefettete Topfkuchenform füllen und mit einer Gabel durchziehen.
Den Mamorkuchen bei Mittelhitze etwa 1 Stunde backen.

Rosinenkuchen

Zutaten:

250 gr Margarine, 250 gr Zucker,
1 P. Vanille Zucker, 3 Eier, 500 gr Mehl,
1 P. Backpulver, 1 Tasse (1/4 l) Milch,
250 gr Rosinen, 1 Fl. Rum - Aroma

Zubereitung: Fett schaumig rühren, Zucker, Vanille Zucker und die Eier hinzugeben und weiterrühren, bis alles schaumig ist. Das gesiebte Mehl und die Milch unterrühren und zuletzt das Backpulver mit einem Rest Mehl unter den Teig geben. Die gewaschenen, in etwas Mehl gewälzten Rosinen unter-mischen und den Teig in eine Kranzform geben und 1 Stunde bei Mittelhitze backen.
Mit Puderzucker oder Zuckerguß überziehen.

Bienenstich in der Form

Teig: 100 gr Butter, 1 Ei, 50 gr Zucker,
250 gr Mehl, ½ P. Backpulver, 1/16 l Milch,
eine Prise Salz

Füllung: 1 Vanille Pudding Pulver,
150 gr Butter für die Buttercreme

Belag: 100 gr Butter sowie 100 gr
Zucker und 1 P. Vanille Zucker in
der Pfanne schmelzen.
50 gr Mandeln oder Kokosflocken
sowie 2 Eßl. Milch hinzugeben.
Alles zusammen aufkochen lassen
dann oben auf den Teig streichen.
Bei 180° – 200° etwa ½ Stunde backen.

Stachelbeerkuchen mit Baiser

Zutaten für den Boden:

150 g. Butter
75 g. Zucker
1 Eigelb 1 gz Ei.
1/2 Teel. Backpulver
250 g. Mehl
40 g gerieb. Haselnüsse
etwa Rum-Aroma

Hieraus einen Rührteig bereiten in Springform geben und 20 Min auf Mittelschiene vorbacken.

Den Boden mit Obst belegen egal was man hat. Nur das Obst keinen Saft

6 Eiweiß mit 125 g Zucker steif schlagen über das Obst streichen und nochmals 25 Min. bei Mittelhitze backen.

Guten Gelingen

Stachelbeertorte:

Für den Teig:

125 gr. Margarine, 75 gr. Zükker, 150 gr. Mehl, 4 Eigelb, 1 Vanillezücker, 1 gestr. Teel. Backpülver.

Für die Füllung:

4 Eiweiß, 75 gr. Zükker, Saft einer Zitrone, Mandeln, 1/4 - 1/2 l. Sahne.

Zubereitung:

Obige Zutaten zu einem Teig rühren, Eiweiß, Zükker u. Zitrone steif schlagen. Von dem Teig 2 Böden machen und mit der Hälfte des Eisschnees bestreichen. Mandeln darauf verteilen, bei 180° 20-25 Min. backen. Nach dem Erkalten mit Sahne, angedikten Obst und wieder mit Sahne füllen, den 2. Boden aufsetzen.

Tortenboden

Zutaten

75 gr. Butter
75 gr. Zucker
2 Eier
1 Vanille Zucker
125 gr. Mehl
1 Teel. Backpulver

Alles zu einem glatten Teig verarbeiten. Bei 175°
25 Min. backen

Altdeutscher Sandkuchen

(hat Großmutter Elisabeth immer zu ihrem Namenstag am 19. Nov. gebacken.)

15 Eigelb — 1 ℔ Butter
1 ℔ Zucker — 1 ℔ Mehl
Vanille Zucker u. Zitronenschale

15 Eigelb, 1 ℔ Butter u. 1 ℔ Zucker schaumig rühren. (1 Stunde)
Nach und nach das Mehl hinzugeben, etwas abgeriebene Zitronenschale und Vanille-Zucker.
Zuletzt den geschlagenen Eischnee.
(Ohne Backpulver)
Dann bei mäßiger Hitze goldgelb backen.

Sand-Torte.

1 Pfd. frische Butter wird zu Sahne gerührt giebt Löffelweise unter stetem Rühren 1 Pfd. Zucker ½ Pfd. Kartoffelmehl ½ Pfd. Weizenmehl 12 Gelbeier die Schale von 2 Citronen 1 Stange Vanille 2 Eßlöffel Arrak, rührt das Ganze 1 Std. an einem warmen Orte, giebt dann 1 Kaffeelöffel Backpulver dazu zuletzt den Schnee von den 12 Eiern, füllt die Masse in eine breite Tortenform, welche nur halb gefüllt werden darf u. setzt sie in ein heißes Rohr. die Form muß ganz gleich stehen auf einem Untersatz u. läßt sie 1 Std. ohne anzufassen stehen. Stürzt sie dann auf eine Tortenschüssel läßt sie abkühlen u bereitet ein Guß dazu. Die Tortengüsse bestehen aus 2 Weißeiern dem Saft 1 Citrone ¼ Pfd. Puderzucker 4 Eßlöffel Kartoffelmehl rührt die Masse gut klar streicht sie mit einem Messer über die Torte u. läßt sie an einem warmen Orte ½ Std. trocknen. Man kann den Guß auch rot färben. Die Farbe heißt Koschenille od. Kürbissaft, wovon nur ein Tropfen dazu kommt.

Sand-Torte

1 Pfd. frische Butter wird zu Sahne gerührt, giebt löffelweise unter stetem Rühren 1 Pfd. Zucker, 1/2 Pfd. Kartoffelmehl, 1/2 Pfd. Weizenmehl, 12 Eigelb, die Schale von 2 Zitronen, 1 Stange Vanille, 2 Eßlöffel Arack, rührt das Ganze 1 Stde. an einem warmen Orte, gibt dann 1 Kaffeelöffel Backpulver dazu zuletzt den Schnee von den 12 Eiern, füllt die Masse in eine breite Tortenform, welche nur halb gefüllt werden darf u. setzt sie in ein heißes Röhr, die Form muß ganz gleich stehen auf einem Unterplatz und läßt sie 1 Stde. ohne anzufassen stehen. Stürzt sie dann auf eine Tortenschüssel, läßt sie abkühlen und bereitet einen Guß dazu. Die Tortengüsse bestehen aus 2 Eiweiß dem Saft einer Zitrone 1/4 Pfd. Puderzucker 4 Eßlöffel Kartoffelmehl rührt die Masse gut klar, streicht sie mit einem Messer über die Torte u. läßt sie an einem warmen Orte 1/2 Stde. trocknen. Man kann den Guß auch rot färben. Die Farbe heißt Kochamille od. Kürbissaft, wovon nur ein Tropfen dazu kommt.

Donauwellen

Zutaten:

½ Pfd. Margarine, ½ Pfd. Zucker, 350 gr. Mehl, 2 Teelöffel Backpulver, 6 Eier, 1 P. Vanille Zucker, 3 Teelöffel Kakao, 2 Gläser entsteinte Sauerkirschen, 3 Becher Sahne, 2 Becher Schokoladen-glasur.

Zubereitung: Von den ersten fünf Zutaten einen Rührteig herstellen. Die Hälfte des Teiges auf ein gefettetes Blech streichen. Den Rest des Teiges mit Vanille Zucker und Kakao gut verrühren und über den hellen Teig streichen. Danach die gut abgetropften Sauerkirschen in den Teig drücken. Das ganze ca. 30 Minuten bei 160° (Heißluft) backen.

Wenn der Kuchen kalt ist die steifgeschlagene Sahne und darüber die flüssige Glasur streichen.

Krümeltorte mit Kirsch-Quarkfüllung:

Teig:
300 gr. Mehl
1 Teel. Backpulver
1 Prise Salz
1 Ei
100 gr. Butter
150 gr. Zucker
1 Eßl. Kakao

Füllung:
150 gr. Zucker
3 Eier
1 Van. Zucker
500 gr. Quark
1 Zitrone
2 Eßl. Grieß
500 gr. Kirschen

Aus den Zutaten einen Krümelteig herstellen. Für die Füllung die Kirschen mit der Hälfte Zucker aufkochen und andicken.
Eier und restl. Zucker schaumig schlagen, Quark und Zitrone zufügen, dabei den Grieß langsam einrieseln lassen.
Gefettete Springform mit 2/3 Teig auslegen und leicht andrücken. Kirschen auf den Boden verteilen. Quarkmasse darauf verteilen und die restlichen Streußel darüber streuen.
bei 200° 45 Minuten backen.

Quarktorte

Zutaten: Boden: 150 g Weizenmehl, 1 Teel. Backpulver, 65 g Zucker, 2 Eigelb oder 1 Ei, 65 g Butter.

Quarkfüllung: 125 g Butter, 250 g Zucker, 1 Eßl. Gries, 5 Eier, 1 Zitrone (geriebene Schale u. Saft), 750 g Quark, 1 Vanillin-Zucker

Zubereitung: Boden: Das mit Backpulver gemischte Mehl auf einen glatten Tisch geben, den Zucker darüber streuen. Eine Mulde hineindrücken, das Ei hineingeben, alles mit Butter bedecken u. die Masse mit der Hand zu einem Teig kneten. Den Teig mindestens ½ Std. im Kühlschrank ruhen lassen. Danach den Teig in eine Springform geben u. bei mittlerer Hitze goldgelb backen. (Dauer ca. 25 Min.)

Quarkfüllung: Zucker, Butter, Eigelb, Gries u. Zitrone in einer Schüssel gut verrühren, den Quark einarbeiten, am Schluß den steifgeschlagenen Eischnee darunter heben. Die Füllung auf den Teig geben u. alles nochmals bei guter Mittelhitze 70-80 Min. backen.

Käsekuchen!

Zutaten für den Belag:

2 Eier, 200 gr. Zucker, 400 gr. Quark, 2 Eßlöffel Mondamin od. Puddingpulver, 50 gr. Rosinen, 50 gr. Korinthen, 50 gr. Mandeln ½ Zitronenschale, 1. Guß Rum.

Zubereitung:

Eigelb und Zucker schaumig rühren. Quark und die übrigen Zutaten dazu geben, abgeriebene Schale von der Zitrone und Eischnee unterheben.

Die Masse auf einen Hefe oder Mürbeteig geben. Noch besser den Teig vorbacken. Den Backofen während des Backens nicht öffnen. In der Form erkalten lassen.

Maitorte

Einen Biskuitboden backen.

500 g Quark (20-40%)
200 g Zucker
0,5 l Sahne
2 Pck. Götterspeise
(Waldmeister, Zitrone, Kirsch, oder Himbeer, kein Instant)

Quark und Zucker schaumig rühren, Götterspeise in einer Tasse mit heißem Wasser auflösen, etwas erkalten lassen und noch warm mit dem Quark verrühren. Zum Schluß wird die geschlagene Sahne unter die Masse gezogen. Anschließend auf den Biskuitboden füllen und erkalten lassen.

Kalte Schnauze

Dieser Kekskuchen war beliebt.

250 gr. Palmin, 2 Eier, 2 Tassen Zucker
1 Tasse Kakao, 1 Eßl. Kaffeepulver.
20 Kekse

- Palmin langsam schmelzen lassen
- Eier u. Zucker schaumig rühren
- Kakao u. Kaffeepulver dazugeben.
- Nach und nach Palmin unterrühren.
- Kleine Kastenform mit Pergamentpapier auslegen.
- Abwechselnd eine Schicht Kekse dann eine Schicht Kakaomasse einfüllen bis die Form voll ist.
- Erkalten lassen, stürzen und in fingerdicke Scheiben schneiden.

Kalte Schnauze

Zutaten:

250 gr. Kokosfett, 125 gr. Puderzucker oder feinkörniger Zucker, 1 P. Vanille Zucker, 50 gr. Kakao, ½ Fläschen Rum-Aroma, 2 Eier, 250–300 gr. Butterkekse.

Zubereitung: Das Kokosfett zerlassen. Den Puderzucker sieben und mit dem Vanille Zucker, dem gesiebten Kakao und dem Rum-Aroma in eine Rührschüssel geben. Alles nach und nach mit den Eiern und dem lauwarmen Kokosfett verrühren.

Kekse und Kakaomasse lagenweise abwechselnd in eine mit Pergamentpapier oder Alu-Folie ausgelegte Kastenform füllen. Die unterste Schicht muß aus Kakaomasse und die oberste Schicht aus Keksen bestehen. Den kuchen mehrere Stunden kaltstellen und ihn dann in Scheiben schneiden.

Rhabarber-Krümmeltorte

500 gr. gep. Rhabarber in Stücke schneiden
500 gr. Mehl
3 gestr. Teelöffel Backpulver
250 gr. Zucker
150 gr. Butter in Flöckchen
2 Eier,

Alles miteinander vermischen und rühren bis sich Krümel bilden.
2/3 der Krümel in eine Form geben und andrücken.
Den Rhabarber darüber verteilen und die restlichen Krümel darüberstreuen.
Bei guter Hitze (200 gr) 1 Stunde backen.

Hefeteig!

Zutaten:

500 gr. Mehl, 30 gr. Hefe,
100 gr. Butter, 1/4 l Milch,
150 gr. Zucker.

Zubereitung:

Hefe mit lauwarmer Milch und etwas Zucker gehen lassen. Mehl, Butter, Zucker, alles zu einem Teig verarbeiten und gehen lassen. Auf eine Platte streichen, nochmal gehen lassen. Belag nach Wahl: Mit Butterstreußel u. Obst bei mäßiger Hitze backen.

Streuselkuchen

Zutaten für den Teig:
500 gr. Mehl, 40 gr. Hefe, 80 gr. Zucker, eine Prise Salz, ¼ l lauwarme Milch, 60 gr. Butter, 1 Ei (muß nicht)

Mit dem Knethaken einen Teig herstellen. Die Hefe klein zerbröckeln oder Trockenhefe nehmen (Trockenhefe muß immer doppelte Menge sein) Den Teig gut aufgehen lassen. Dann den Teig auf ein Backblech dünn ausrollen. Man kann ihn mit Obst belegen oder Rosinen sofort in den Teig geben.
Von 150 gr. Mehl, 100 gr. Butter, 100 gr. Zucker, etwas Zimt oder Vanille Streusel eine krümelige Masse herstellen und über den Teig verstreuen. Bei 175°C etwa 40 Minuten backen.

Apfelstreuselkuchen

Teig:
- 250 g Butter
- 250 g Zucker
- 3 Eier
- 500 g Mehl
- 1 Päckchen Backpulver
- 1 Päckchen Vanillinzucker
- 1500 g Äpfel

Streusel:
- 180 g Butter
- 180 g Zucker
- 200 g Mehl
- 70 g Mandeln
- etwas Zitronensaft

Zubereitung:
Aus den angegebenen Zutaten einen Rührteig herstellen. Den Teig auf das gefettete Blech geben,

darauf die geraspelten Äpfel legen. Für die Streusel das Fett, die gehackten Mandeln, Zucker und Mehl miteinander vermischen. Streuselmasse über den Teig mit den Äpfeln verteilen.

Temperatur des Ofen: 180-190°C
Backzeit: 15-20 Minuten
Danach den Kuchen noch 10 Minuten bei 0°C im Backofen stehen lassen.

Krümeltorte mit Apfelfüllung.

Zutaten: 500 gr. Mehl, 250 gr. Butter (oder Mgr.) 200 gr. Zucker 1 Ei, (2) 1 Rum Aroma, 1 Zitrone Aroma, 1 Pckch. Backpulver, 500 gr. Apfelscheiben 1 Pckch. Vanillinzucker

Zubereitung: Von Zutaten einen Krümelteig bereiten. Die Hälfte des Teiges in eine gut gefettete Form geben, Rand hoch drücken. Apfelscheiben u. Vanillinzucker daraufgeben, den übrigen Rest Krümelteig darüber, und die Torte bei guter Mittelhitze etwa 3/4 - 1 Std. backen

Äpfelkuchen

Zutaten:

200 gr. Mehl
100 gr. Butter
1 Ei
60 gr. Zucker
½ Teel. Backp.
2-3 Äpfel
2 Eßl. Zucker
1-2 Eßl. blättrig geschnittene Mandeln

Streusel:

100 gr. Mehl
60 gr. Zucker
1 Teel. Zimt

Aus Mehl Zucker Butter + Ei einen Teig kneten. 1 Std. ruhen lassen. Dann in die Form füllen. Äpfel in dünne Scheiben schneiden mit Zucker Zimt + Mandeln vermischt in die Form geben

Für die Streusel Mehl, Zucker, Zimt verrühren zerlassene Butter zugeben gut mischen Streusel formen und über die Äpfel verteilen

Bei 175-200 30-40 Minuten backen

Gedeckter Apfelkuchen

Zutaten:

200g Margarine
250g Zucker
500g Mehl
1 Päckchen Backpulver
1 Päckchen Vanillezucker
2 Eier
1 Eigelb
etwas Dosenmilch
wenigstens 12 mürbekochende Äpfel
100 g Rosinen
100g gehobelte Mandeln
Zimt

Zubereitung:

Aus den zuerst angegebenen Zutaten einen Mürbteig herstellen. Eine Hälfte des Teiges ausrollen und in eine Springform geben. Die Äpfel schälen und in Scheibchen schneiden, auf den Teig geben, Rosinen und Mandeln untermischen, dann die Äpfel dick mit Zucker und Zimt bestreuen. Die zweite Hälfte des Teiges wird ausgerollt und über die Äpfel gegeben. Damit der Kuchen eine glänzende Oberschicht erhält, wird der Deckel mit dem mit der Dosenmilch verquirlten Eigelb bestrichen.

Auf der mittleren Schiene muß der Kuchen 45 Minuten bei etwa 175° - 200°C backen.

Er eignet sich auch zum Einfrieren.

Westf. Apfelkuchen. (Appelkauken)

Zutaten:

250g Magarine 225g. Zucker 5 Eier
275g Mehl, 2 gestrichene Teel. Back-
pulver, 1 Kg. Äpfel 1 geh. Eßl.
Aprikosenkonfitüre 1 Eßl. Wasser.

Glasur: 100gr. Puderzucker 3 Eßl. Zitro:Saft.

Fett schaumig rühren dann langsam Zucker und Eier hinzugeben. Das mit Backpulver gemischte und durchgesiebte Mehl eßlöffelweise unterrühren. Die Äpfel schälen, vierteln, entkernen und achteln. Die Hälfte des Teiges in eine gefettete Spingform füllen und glattstreichen. Die Äpfel in 2 Lagen darauf legen. Den übrigen Teig darauf verteilen und glattstreichen. Bei 180° etwa 65 Minuten backen.

Aprikosenkonfitüre durch ein Sieb streichen und mit dem Wasser aufkochen.

Kuchen sofort nach dem Backen damit bestreichen und kalt stellen.

Den gesiebten Puderzucker mit Zitronensaft und soviel Wasser verrühren, daß eine dünne flüsse Masse entsteht.

Den Apfelkuchen damit überziehen.

Einfache Waffeln

- 250 gr. Butter oder Margarine
  200 gr. Zucker, 2 Eier, 1 Van. Zucker
  geriebene Schale einer Zitrone,
  1 Zitronen Aroma, 450 ccm Wasser
  500 gr. Mehl, 1 Päckchen Backpulver
- Butter, Zucker und die ganzen Eier sahnig rühren, nach und nach die anderen Zutaten hinzugeben. Der Teig muß etwas dickflüssig und gut verarbeitet sein.
- Das Waffeleisen erhitzen und löffelweise die Kuchen abbacken.
- 1 Rezept ergibt 24 Waffel.
- Vorbereitung und Backen etwa 1 Stunde.

Diese Waffel können mit Puderzucker bestreut oder mit Marmelade bestrichen werden.
Beliebt bei Kindergeburtstagen!

Schrieben - Plätzchen.

1/2 ℔ Schrieben, 2 ℔ Mehl
1 ℔ Zucker, 4 Eier
1 Pak. Backpulver, Zitronenaroma
oder Arak, evtl. etwas Milch.

Schrieben werden durch die Wurstmaschine gedreht, mit Eier und Zucker und Mehl zusammengeknetet, Backpulver und Aroma dazugegeben und 1 Stunde kalt gestellt.
Anschließend gibt man den Teig wieder durch die Wurstmaschine, der man vorher eine Plätzchentülle vorgeschraubt hat, formt Kränzchen oder S Formen und backt im Herd hellgelb.

Im Krieg und nach dem Krieg würde dieses Gebäck überall dort gebacken, wo man gerade von der Hausschlachtung diese Schrieben übrig hatte.

Hedwig's Mürbeteigplätzchen

1/2 ℔ Butter
1/2 ℔ Zucker
3 Eigelb
3 Van. Zucker
1 ℔ Mehl, sieben
2 Teel. Backpulver
1 Prise Salz
Saft einer Zitrone
1 Eßlöffel Korn

Alles zu einem glatten Teig verarbeiten und eine Stunde kühlstellen.
Dann ausrollen, ausstechen und backen.

Berliner Brot

Zutaten:

125 g Fett
250 g Zucker
2 Eier
250 g geviertelte Nüsse
250 g Mehl
2 Teel. Backpulver
1 1/2 Teel. Zimt
125 g geriebene Schokolade

Das Fett schaumig rühren, nach und nach Zucker und Eier hinzufügen. 1/2 Stunde rühren. Dann die restlichen Zutaten unterrühren. Die Masse fingerdick auf ein geffettetes Blech streichen und 3/4 Stunde bei mäßiger Hitze backen. Sofort nach dem Backen in 2-3 cm dicke Streifen schneiden.

Berliner Brot!

150 gr. Butter, 150 gr. Zucker, 2 Eier, 200 gr. gehackte Mandeln, 250 gr. Mehl, 1 Pk. Schokoladenpulfer, 1 Teel. Zimmt, 1 Prise Nelkenpfeffer, 1/2 Pk. Backpulfer.

Zubereitung:

Butter, Zucker u. Eier schaumig rühren. Mehl, Backpulfer u. Mandeln unterheben. Gewürze dazugeben. Auf einen Tisch ausrollen und 3 Streifen form Bei mäßiger Hitze 20 Minuten backen, heiß in schmal schräge Streifen schneiden und mit Zuckerguß überziehen.

Als Weihnachtsgebäck sehr delikat!

Berliner Ballen

Aus 250 gr Mehl, ½ l Milch, 1 Ei, 50 gr Butter, 10 gr Hefe, Salz, Saft einer Zitrone und Schale einer halben Zitrone wird ein Hefeteig geschlagen. Den Teig ausrollen, mit einer Tasse Plätzchen ausstechen und etwas Marmelade darauf-geben. Die andere Teighälfte darüberlegen und etwas andrücken. Dann die Berliner in heißem, gemischtem Fett hellbraun backen.

Plätzchen

250 g. Sanella 250 g. Puderzucker
350 g. Mehl 125 g. Korinthen
75 g. Kokusraspel 2 Eier
1 Prise Salz Schale einer Zitrone
etwas Backpulver

Einen festen Rührteig herstellen Eier Zucker die anderen Zutaten untermengen. Mit zwei Löffel kleine Häufchen auf ein Backblech setzen 10-15 Min. backen.

Saure Sahne Plätzchen

Zutaten

500 gr. Mehl
400 gr. Butter
10 Eßl. saure Sahne

Alles zu einem Teig verarbeiten der sich ausrollen läßt. Runde Plätzchen ausstechen, mit Eigelb bestreichen, und mit Hagelzucker bestreuen. Die Plätzchen hell backen wie Blätterteig

Bauernstuten

2 Pfund Mehl
1 Eßl. Salz
1 Päckchen Hefe
1/2 l. Milch
etwas Zucker
1 Ei
1 Eßl. Schmalz

Hefe in die handwarme Milch einbröckeln 10 Minuten stehen lassen. Aus der Milch und Salz, Zucker, Ei, Schmalz und Mehl einen Hefeteig herstellen und tüchtig kneten. In eine große Kastenform füllen und gehen lassen bis die Form voll ist. Im Backofen bei 220° 60 Minuten backen.

Grundrezept Hefeteig
(Brot)

Zutaten:

500 g Mehl
40 g Hefe
1/4 l lauwarme Milch
1 Teel. Salz
50 g Fett
50 g Zucker

Hefe zerbröckeln, mit Zucker überstreuen und mit 3 Eßl. Milch verrühren. Die Hälfte des Mehl in eine Schüssel geben, eine Vertiefung eindrücken, die Hefe hineingeben, etwas Mehl überstreuen und zugedeckt an einem warmen Platz stellen. In der Zwischenzeit die Milch mit Salz, Zucker und Fett lauwarm werden lassen.

Nach etwa 15 Minuten die lauwarme Flüssigkeit zu dem Mehl in die Schüssel rühren, bis sich alles gut vermischt hat. Wenn der Teig glatt ist nach und nach den Rest Mehl dazugeben und solange schlagen bis der Teig fest ist. Dann gut durchkneten bis der Teig sich von der Tischplatte löst. Dann 25 Minuten an einem warmen Ort gehen lassen. Wenn der Teig doppelt so groß geworden ist, noch-einmal durchkneten, formen und nocheinmal gehen lassen. Dann im vorgeheitzten Ofen backen.

Weizen-Stuten.

2 Pfd Mehl
30 gr. Hefe
3 Eßl. Oel
1 Ei und etwas Salz
1/2 Ltr. lauwarme Wasser

Hefe mit etwas warmes Wasser aufgehen lassen. Dann mit etwas Mehl verrühren. Mit den übrigen Zutaten alles zu einem Teig verkneten, 1 Std. ruhen lassen nochmals verkneten, zu einem Laib formen und 1 Std abbacken auf 200-225 Grad backen nicht verheizen

Knabbeln
im Kümpken

Frisches Weißbrot wird in Stücke gebrochen und im Backofen bei gleichmäßige Hitze getrocknet.
Wenn dies getrocknete Brot knusperich ist, nennt man es Knabbel.
Beim Morgenkaffee im Kümpken mit Zucker u. Milch läßt man sichs gut schmecken.

Rosinenstuten am Sonntagmorgen

Am Sonntagmorgen kamen die Bauern der Umgebung in die Kirchdörfer und Landstädte, die Messe zu besuchen. Aus den Bauerschaften sah man allerorts mit Pferden bespannte Kutschen, manchmal auch Landauer, die sich über die Landstraßen auf den Kirchturm zubewegten. Die Bauern hatten für ihre Pferde und Wagen feste Unterstellplätze in der Nähe der Kirche.
Die Bauern nutzten die Fahrt in den Ort nicht nur für den Gottesdienstbesuch, sondern auch für einen ausgiebigen Frühschoppen. Während die "Mannsleute" sich bei Bier und über Schweinepreise und neue Düngungsmethoden unterhielten, nutzten die Frauen die Gelegenheit, um in den geöffneten Geschäften die notwendigen Lebensmittel und sonstigen Artikel einzukaufen.
Da die Landfrauen im Laufe der Woche nicht oder nur selten in die Orte kamen, wurden am Sonntagvormittag die Besorgungen erledigt. Dazu gehörte natürlich auch das sonntägliche Kaffeetrinken, das in der Regel privat bei Bekannten, Verwandten und Geschäftsleuten im Ort nach erfolgtem Einkauf stattfand. Zu dem Kaffee wurde selbstgebackener frischer Rosinenstuten gereicht, der dick mit "guter" Butter bestrichen wurde.

Rosinenstuten

1 ℔ Mehl, 1 Würfel Hefe, 2 Eßl. Zucker
60 gr Butter, 1/4 ℔ Rosinen, 1 Teel. Salz
1/4 ltr. lauwarme Milch

Mehl in eine Schüssel geben, in der Mitte eine Vertiefung machen und die Hefe hineinbröckeln. 1 Teel Zucker und etwas warme Milch auf die Hefe geben und etwas Mehl überstreuen. Die restlichen Zutaten an den Rand legen, mit einem Küchentuch zudecken und an einen warmen Platz gehen lassen.
Ist der Teig genügend aufgegangen werden alle Zutaten dazugegeben und der Teig auf eine Tischplatte mit beiden Händen fertig geknetet. Man läßt noch einmal aufgehen, knetet wieder durch und gibt den Brotteig in die gefettete Brotform, und läßt erneut aufgehen. Das Brot wird 1 Std. bei guter Hitze gebacken.
Nach dem Backen das Brot noch heiß mit Wasser bestreichen.

Vom Pumpernickel

Bei dem Historiker Joest Lips (1547-1606) stieß der Pumpernickel auf starke Kritik. "Und sogar das Brot, wirklich, mein Henricus, wenn du die Farbe, das Gewicht und die ganze Form gesehen hättest. Ich versichere dir, du hättest abgeschworen, daß es Brot sei. Schwarz ist es, schwer, sauer und zu Klumpen von vier bis fünf Fuß Länge geformt, die ich nicht hätte aufheben können. Mir fällt dabei Plinius ein, der über dies oder ein benachbartes Volk schrieb: erbärmlich das Volk, das seine Erde verwüstet. Ich meine eher, erbärmlich das Volk, das Erde ißt." In einem 1828 erschienenen westfälischen Kochbuch hingegen wird der Pumpernickel gelobt: "Wer kennt nicht den Westphälischen Pumpernickel, dieses kräftige, gesunde und auch wohlschmeckende Brot. - Ist dasselbe recht gut und saftig zubereitet, und wird dann in dünnen Scheiben geschnitten, und mit frischer Butter gegessen, so gibt es an Wohlgeschmack manchem kostbaren Leckerbissen nicht nach (...)."

Die Besonderheit des Pumpernickels liegt darin, daß für die Zubereitung ein Schrotteig verwendet wird, der bei einer geringen Temperatur (etwa 100° C) bis zu 24 Stunden ausgebacken wird.

Typisch sind die großen Brotlaibe, die einige Kilogramm schwer sein konnten, die grobkörnige Struktur, die dunkle Farbe und der leicht süßliche Geschmack.

Die ausgeprägte Gesundheit der Münsterländer wird auf den Pumpernickelgenuß zurückgeführt. Justus Liebig rühmte den Pumpernickel wegen des vorteilhaften Einflusses auf die Charakterbildung.

Getränke

Von Korn und Altbier

Was der Schinken und der Pumpernickel für das münsterländische Essen, das sind Korn und Altbier für das Trinken im Münsterland.

Vor allem der münsterländische Korn hat über diese Region hinaus einen erheblichen Bekanntheitsgrad.

Joseph Bergenthal schreibt zum münsterländischen Korn: "Der Münsterländer wohnt nicht an einem Strom (...), auch nicht am Meer, sondern er geht auf fruchtbarer Erde, und der Wind streicht über reiche und weit gedehnte Ährenfelder, daß die Landschaft wie ein wellenschlagendes Meer erscheint. Der Münsterländer hat nicht Wein wie der Rheinländer, noch Heringe und Krabben wie sein nördlicher Nachbar. Aber er hat Korn zu vielfacher Verwendung. Der Roggen wird zum Brot und Branntwein zugleich. Der Münsterländer Schnaps, "der aolle Klaore", ist weit über die Grenzen des Münsterlandes hinaus bekannt. Er wird aus dem münsterländischem Roggen gewonnen und unterscheidet sich von anderen Schnapssorten dadurch, daß er nicht den scharfen ätzenden Spiritusgeschmack hat. Vielmehr zeichnet er sich durch den natürlichen Kornbranntweingeschmack aus."

Früher hatte fast jeder Ort des Münsterlandes seine eigene Brennerei, auch viele Bauernhöfe hatten das Braurecht und produzierten in einem Nebengebäude ihren eigenen Korn.

Neben dem Korn ist das Altbier erwähnenswert. Aus Hopfen, Malz und obergäriger Hefe wird es hergestellt. Die lange Lagerung sorgt für den etwas säuerlichen Geschmack.

Eine Besonderheit stellt die Altbierbowle dar, dabei wird das Bier mit Früchten angereichert, oder Alt mit Schuß, dabei wird ein Obstsirup hinzugefügt.

Von den ehemals 41 Altbierbrauereien, die es in Münster gab, ist in der Gegenwart lediglich eine übriggeblieben.

Aufgesetzter auf schwarze Johannisbeeren

Reife schwarze Johannisbeeren wurden von den Sträuchern gepflückt, gewaschen, und die Beeren von den Stielen befreit. Gesäubert weiße Flaschen von Korn wurden zur Hälfte mit schwarzen Johannisbeeren und weißem Kandis gefüllt. Ein Stück einer Vanille-Stange wurde daraufgelegt. Dann wurden die Flaschen mit Weizenkorn aufgefüllt und mit einem Korken verschlossen. 6 Wochen dauerte nun die Reifezeit des Aufgesetzten.

War man mal unpäßlich oder hat sonst Unwohlsein, so sollte ein Aufsetzer Wunder wirken!

Likör

4 Pfd Johannisbeeren mit 2 ltr Wasser zum Kochen bringen. Dann durchseien, den Saft mit 2 Pfd Zucker kurz aufkochen dann Stangenzimmt und ein paar Nelken hinzufügen. Nach dem erkalten schüttet man 1½ ltr. Schnaps hinzu

Rezept von 1934

Schlehenlikör

Von besonders ausgeprägtem Geschmack ist Schlehenlikör. Wer noch Schlehen pflücken kann, sollte dies tun. Sie müssen sowieso erst Frost bekommen haben. Für die Zubereitung von Schlehen gibt es verschiedene Rezepte. Hier ein einfaches: 2 kg Schlehen werden mit 2 l. kochendem Wasser überbrüht. Nach rund 36 Stunden gießt man die Flüssigkeit ab, kocht sie mit 750 g Zucker, 1/2 Stange Vanille und einem kleinen Stückchen Zimt auf. Der Flüssigkeit wird nach dem Erkalten 1/2 l Weinbrand zugefügt. Der Likör muß eine Zeit ruhen, bis er seinen vollen Geschmack erreicht.

Eierlikör

Auch Eier gibt es verschiedene Zubereitungsarten. Köstlich schmeckt er nach diesem Rezept, zu dem man 15 frische Eigelb, 300 g Zucker, 2 Schoten große oder 4 Schoten kleine Vanille und 1 Flasche (0,7 l) Weinbrand benötigt. Die Eigelb von Hand (oder mit dem Elektrorührgerät) schaumig schlagen und Zucker langsam unterrühren. Vanilleschoten der Länge nach aufschlitzen, Mark mit dem Messerrükken herauskratzen und in etwas Weinbrand auflösen. Weinbrand unter die Eimasse ziehen, nochmals kräftig durchschlagen und in saubere Flaschen füllen. Mit einem neuen Korken fest verschließen und etwa eine Woche kühlstellen. Die Flaschen nochmals öffnen und mit einem sterilen Mulltupfer (Mullbinde) das angesammelte Eierfett aus dem Flaschenhals entfernen. Fest verkorken.

Kardinalpünsch!

Zütaten:

1/8 l schwarzen Johannisbeersaft
1/2 Zitrone
1 Orange
2 Eißwürfel.
Alles züsammen geben mit einer
Flasche Zitronenlimonade aüf füllen
Aüch das Früchtfleisch der Zitrone=
ünd Orange kann man dazü geben.

Sauerkirschbowle.

1 Glas Sauerkirschen,
1/8 ltr. Kirschlikör,
Saft einer Zitrone,
1 Van. Zucker,
2 ltr. Rotwein.

Die abgetropften Sauerkirschen mit dem Kirschlikör ansetzen. Nach einer Stunde Van.-Zucker, Zitronen und Kirschsaft hinzugeben. Gut durchziehen lassen, dann mit Rotwein auffüllen.

Gut gekühlt servieren!!!

Himbeerbowle

Zutaten

500 g Himbeeren
2 Eßl Zucker
1/2 Fl. Weißwein
4 cl. Rum oder Weinbrand
1 1/2 Fl. Weißwein
1 Fl. gekühlter Sekt

Zubereitung

Diese Bowle darf mit Rum oder Wein=brand angesetzt werden, damit die Früchte Form und Farbe behalten

Himbeeren und Zucker mit der 1/2 Fl. Weißwein ansetzen und 1-2 Std. an einem kühlen Ort zugedeckt ziehen lassen.

Dann Rum oder Weinbrand beifügen und den Rest Weißwein auffüllen

Den Sekt kurz vor dem Servieren dazugeben.

Johannisbeerwein 1946

1 großen Eimer (10 kg) rote und schwarze Johannisbeeren, 12 Ltr. Wasser, 3-4 kg Zucker, etwas Weinhefe und Hefe-Nährsalz, eine 20 Ltr. Weinflasche und einen Gäraufsatz.
(Alles bei Töns erhältlich.)

Zubereitung:

Die Beeren werden gründlich zerkleinert und durch ein Sieb oder Tuch gepreßt. Der rohe Saft, etwa 6 Ltr., wird in einen Weinballon (20 Ltr) gefüllt. Der Zucker wird in Wasser aufgelöst und mit der Weinhefe und dem Nährsalz dazugegeben. Dann wird einmal kräftig umgeschwenkt und die Weinflasche mit einem Gäraufsatz verschlossen an einen ruhigen, nicht zu kühlen Ort zum Gären gestellt. Täglich muß das Gärröhrchen gereinigt werden.

Nach 3-4 Monaten ist die Gärung abgeschlossen. Der Wein wird mit einem dünnen Schlauch abgezapft, in Flaschen gefüllt und mit einem Korken verschlossen.

Wer die Arbeit mit dem Wein hatte, der sollte ihn probieren, das macht Spaß!!

Der Wein ist sehr bekömmlich!

Wer ihn trinkt ist bald in guter Stimmung!

Gekochter Obstsaft

Für 2 kg Früchte benötigen Sie 1-2 l Wasser
200 - 700 g Zucker für 1 l Saft.

Die Früchte verlesen, waschen und in einem Kochtopf gut zerdrücken. Die erforderlichen Wassermenge über die Früchte gießen und die Früchte im geschlossenen Topf zum Kochen bringen. Den heißen Früchtebrei auf ein gespanntes Safttuch geben (ein Leinentuch an den 4 Ecken eines umgedrehten Küchenhockers festbinden und darunter eine Schüssel oder einen Topf stellen) und den Saft gut abtropfen lassen. Den gewonnenen Saft wiegen und jeweils 1 l Saft mit der erforderlichen Zuckermenge verrühren und weitere 10 Minuten kochen lassen.

Die Flaschen gut ausspülen und die Gummikappen in heißes Wasser legen. Den heißen Fruchtsaft in die heißen Flasche füllen und sofort verschließen. Die Gummikappen dafür verwenden.

Äpfel, Birnen, Quitten und Hagebutten benötigen 250 g Zucker für 1 l Fruchtsaft

Brombeeren, Erdbeeren, Himbeeren, rote Johannesbeeren und süße Kirschen benötigen 400 g Zucker für 1 l Saft.

Holunderbeeren, Heidelbeeren, schwarze Johannisbeeren und Sauerkirschen benötigen 500 g Zucker für 1 l Saft.

Preiselbeeren und Rhabarber benötigen 600 - 700 g Zucker für 1 l Saft.

Honigpunsch

für 6 - 8 Personen

In einen Topf werden 750 gr. Honig, eine halbe Zitrone und Orangenschale, 1 Stk. Zimt, 4 Nelken und 1 ½ Ltr. Wasser bis kurz vor dem Kochen erhitzt.
Die Flüssigkeit wird in eine angewärmte Schüssel abgeseiht, ½ Flasche Arrak (vorher etwas angewärmt) den Saft einer halben Zitrone und Orange werden dazugegeben und in Punschgläser serviert.

Himbeersaft

2½ kg Himbeeren, 1½ l kaltes Wasser, 50 g Zitronensäure und auf je ½ kg Saft ½ kg Zucker. Die gut ausgelesenen Beeren (anderes Obst wird gewaschen) werden in einer Schüssel zerdrückt und mit 1½ l Wasser übergossen. Die Zitronensäure (in jeder Drogerie erhältlich) wird mit ein paar Löffeln Wasser aufgelöst und zu den Himbeeren getan. Alles wird mit einem sauberen Holzlöffel, der nur zum Einmachen dient, öfter umgerührt. Die Beeren müssen an einem kühlen Ort einen Tag lang Saft ziehen. Schaumbildung schadet nicht! Dann werden sie durch ein Seihtuch gedrückt. Man legt eine Untertasse auf die breiige Masse und beschwert sie über Nacht mit einem Gewicht. Dann wiegt man den Saft und nimmt pro kg Saft die gleiche Menge Zucker. Man rührt öfter um, bis der Zucker gelöst ist. Da sich der Zucker nur manchmal langsam auflöst, kann man ihn in einer kleinen Menge Saft, die etwas warm gemacht wurde, zuerst lösen und dann dem übrigen Saft beigeben. Mittels Schnabeltöpfchen gießt man den fertigen Saft in tadellos saubere, trockene Flaschen. Verschlossen wird mit Gummikappen.

Auch die sehr gesunden Holunderbeeren kann man mit anderen, säuerlichen Obstsäften, bzw. -Arten, entsaften oder Rohsäfte herstellen, besonders fein ist Heidelbeersaft. Die mit Zucker konservierten Rohsäfte werden beim Genuß nach Geschmack mit Wasser oder Sprudel verdünnt. Sie sind sehr gut haltbar.

Alte Hausmittel gegen Erkältung:

Kandis mit Zwiebel:
3 dicke Zwiebeln, 1/2 ltr. Wasser, 1/2 Pfund brauner Kandis.
Die Zwiebeln abpellen und in Stücke schneiden, mit Wasser und dem Kandis 10 Minuten kochen lassen und durchsieben.
1 - 2mal stündlich 2 Eßlöffel einnehmen.

Kandismilch mit Gewürzen:
1/2 ltr. Milch, 1/4 Pfund Kandis, 6 Lorbeerblätter, 6 Nelken.
Milch, Zucker und Gewürz aufkochen und durchsieben. Saft löffelweise stündlich einnehmen.

Milch mit Honig:
Milch erhitzen und Honig zugeben.

Schwarzen Johannisbeersaft oder Holundersaft erhitzen und mit Kandis süßen.

Glühwein aus Rotwein, Schlehensaft oder Holundersaft:
Saft und Wein erhitzen, Nelke, Kandis und Zimtstange dazugeben und heiß trinken.

Was im Münsterland getrunken wurde

Im Laufe des Tages im Sommer: Milch, Roggenkaffee, Buttermilch, Sauermilch, Wasser aus dem Brunnen oder aus der Pumpe, kalter Pfefferminztee.
Kinder machten sich aus Wasser, Zucker, Essig und ein wenig Natron einen Sprudel.

Im Winter: heißer Roggenkaffee – die große Blechkanne stand hinten auf dem Herd.
Milch: Der Milchtopf stand ebenfalls immer warm.

Gegen Erkältung und zum Aufwärmen: Zitrone mit Zucker, Milch mit Honig, Pfefferminztee, Hagebuttentee, Kamillentee, Glühwein, Grog, Tee mit Rum.

An Feiertagen, zu besonderen Anlässen und an Namenstagen wurde Klarer, Aufgesetzter, Likör und Wein getrunken.

Zum Kaffeekochen

Wenn wir heute unsere Kaffeemaschine anstellen, um Kaffee zu kochen, so denken wir nicht mehr daran, wie viel Mühe es unseren Müttern machte, bis der Kaffee fertig war.

Zuerst mußte der Herd hergerichtet werden. Papier, kleines Holz und großes Holz und Kohlen wurden aus dem Schuppen geholt und damit das Feuer angelegt. Alsdann holte man Wasser aus dem Brunnen oder aus der Pumpe im Hof, die im Winter nicht selten eingefroren war. Der Wasserkessel wurde gefüllt und auf den Herd gestellt. Die Kanne für den Kaffee wurde erwärmt, die Kaffeebohnen oder der Malzkaffee in einer kleinen Mühle mit der Hand gemahlen und in die warme Kanne gefüllt. Großmutter brühte den Kaffee mit etwas kochendem Wasser an. Dann erst goß sie das restliche Wasser dazu. Eine Kaffeemütze, von Großmutter gehäkelt und mit Kapock gefüttert, wurde über die Kanne gestreift, um den Kaffee länger warm zu halten. Erst nach dem Zweiten Weltkrieg, als der Elektroherd in viele münsterländische Häuser einzog, konnten die Mütter aufatmen.

Kaffee fürs Feld

In den Erntetagen war jede Minute kostbar. Darum wurden das Frühstück und der Nachmittagskaffee zum Feld gebracht. Es wurde ein Weidenkorb zurechtgemacht, mit fertig belegten Butterbroten aus selbstgebackenem Weißbrot mit Wurst oder Käse und einer Scheibe Schwarzbrot darauf. Daneben kam eine Anzahl von Tassen. Ein oder zwei "Kaffeedüppen" wurden mit Roggenkaffee und Milch gefüllt und zur Warmhaltung mit Zeitungspapier umwickelt.
So ausgerüstet ging dann die Bäuerin, die Tochter oder ein Hausmädchen zum Feld. "Arbeit macht hungrig und durstig", und so wurde kräftig zugelangt. Die Bäuerin goß allen Kaffee ein, und der Korb leerte sich rasch.

Zur Kaffeezeit

Zur Kaffeezeit ging dann die Bäuerin wieder zum Feld. Diesesmal hatte sie auch noch Streuselkuchen und "Appeltate" im Korb. Die Bäuerinnen hatten da alle ihre eigenen Rezepte. Oft war es so, daß sie mehrere Bleche Kuchen gebacken haben, da es nicht selten war, wenn 12 oder mehr Personen auf dem Feld beschäftigt waren.
Eine Blechtasse voller Kaffee, dazu ein großes Stück frischen Kuchen, manchmal auch ein Schinkenschnittchen, das war das richtige, um Runkelvereinzeln, Kartoffelkratzen oder Rübenziehen auf dem Feld auszuüben.

Tischgebete

Der beste Auftakt zu einem Festmahl ist ein Gebet!

Zum Mittag- und zum Abendessen wurde i m m e r *ein Tischgebet gesprochen.*

Nicht selten bestand das Gebet aus dem "Engel des Herrn", dem "Vaterunser", und "Gegrüßet seist du, Maria" und dem Tischgebet.

Tischgebet (vor dem Essen)

"Alle Augen warten auf Dich, oh Herr.
Du gibst ihnen Speise zur rechten Zeit;
Du tust Deine milde Hand auf
und erfüllest alles, was da lebt, mit Segen."

"Vater unser" . . . . "Gegrüßet seist Du, Maria" . . .

"Segne, oh Herr, alle diese Gaben,
die wir von Dir empfangen haben,
durch Christus, unseren Herrn."

Tischgebet (nach dem Essen)

"Wir danken Dir, oh Herr,
für alle Deine Gaben,
die wir in Deiner Güte,
von Dir empfangen haben,
durch Christus, unseren Herrn."

"Vater unser" . . . "Gegrüßet seist Du, Maria" . . .

"Sege, oh Herr, alle Menschen,
die uns Gutes tun,
und schenke ihnen das ewige Leben.
Alle Verstorbenen lasse ruhen in Frieden,
Amen."

Gebet, das heute gebetet wird:

"Herr, von dem wir alles haben,
wir danken Dir für Deine Gaben.
Du gibst, weil Du uns liebst.
Drum segne auch, was Du uns gibst."

Karl Wagenfeld (1869-1939), niederdeutscher Dichter, lebte und arbeitete im Münsterland. Weniger bekannt ist, daß er auch volkskundlich tätig war. So sammelte er u.a. plattdeutsche Sprüche. Hier eine kleine Auswahl, die mit Essen und Trinken zu tun hat.

Iätten is'n Hauptwoat, et wäd graut schriewen

* * *

En Wicht nao Vättig un en Appel nao Pingßen,
de häbbt den Smack verluorn.

* * *

Drei graute Bauhnen sind so gued äs 'ne Mule vull Braut

* * *

Juffern üöwer vättig Jaohr un aolle Gaise sind slächt to verknuwen

* * *

Wann de Buer en Hohn slacht't,
is entweder de Buer krank aorre't Hohn

* * *

Alls hät en Enn', bloß de Wuorst hät twee

* * *

Wann de rieke Mann krank is, dat wiettet alle Lüh,
wann de arme Mann Pannkoken bäck, dann ruket alle Lüh

* * *

Wann man en Fraumensk släött
geiht 't jüst, äs wann man op'n Miählsack kloppt:
dat Beste stüff drut

* * *

We kinn Braut hät, mott de Tiän in de Wand slaon

* * *

Ick magg gärn wat iätten,
aowwer ick mott auch miene Ruhe häbben

* * *

Ick sin so krank äs en Hohn,
ig magg wull wat iätten, män nicks dohn

* * *

Biätter, datt de Buk bäß, äs datt de Kost verdärw

* * *

Wat man sölwst ätt, smäck am besten

* * *

Iätten und Drinken häöllt Liew un Siäll bineen

* * *

In Tied der Naut
smak de Wuorst auch aohne Braut

Register

GEFLÜGEL / WILD / FISCH

SOSSEN

MEHLSPEISEN / EIERSPEISEN

BEILAGEN / GEMÜSE

SALATE

NACHTISCHE

SCHLACHTEN / WURSTEN

EINKOCHEN / EINLEGEN / EINMACHEN

KUCHEN / GEBÄCK / BROT

GETRÄNKE

Büchertips Westfalen

Krewerth / Rensing
Wo die wilden Pferde leben
112 S. mit farbigen Abb., 5.Auflage 1995 ,gb. ISBN 3-87716-996-6. 39,50 DM

Elisabeth Rasche-Schröder
Allerhand up Platt
15 x 21 cm, 1983, gb. ISBN 3-87716-977-5, 16,80 DM

Rensing / Salmann
Emslandschaften zwischen Senne und See.
Ein eindrucks- und stimmungsvoller Bildband über die Ems von der Quelle bis zur Mündung, mit über 100 faszinierenden Abbildungen in Farbe, begleitet von Schriftstellern von der Senne bis zur See.
23x21 cm, 132 S., farbig, gb.; ISBN 3-87716-901-5.
39,80 DM.

RainerA. Krewerth
Auf gut westfälisch
14x17 cm, 1994, 144 Seiten, Illustrationen Manfred Kronenberg, kt.; ISBN 3-87716-889-2. 19,80 DM

Werner Bockholt
Ackerbürgerstädte in Westfalen
16,5x23,5 cm, 304 S., kt., 1987; ISBN 3-87716-953-8.
24,80 DM

Freudesucher sind wir alle
Aus dem Spruchbuch Augustin Wibbelts.
1993, kt., 72 S., sw u. fgb. Abn., ISBN 3-87716-907-4.
17,80 DM

Büchertips kochen

Ilse Hombrink
Mit und ohne
15x21 cm, 208 S., farbiger Umschlag, auf Chamois-Papier braun gedruckt mit Kräuterduftstoff; gb.
ISBN 3-87716-956-2.
19,80 DM
Hausgemachte Liköre, Schnäpschen und Getränke ohne Alkohol. Ein duftes Buch, das duftet - nach Kräutern!

Westfälisches Plätzchen-Buch
Rezepte von Anis bis Zimtstern
15x21cm, 272 S., gb., Lesezeichen.
ISBN 3-87716-885-x,
19,80 DM

Das Buch vermittelt einen umfassenden Einblick in das gegenwärtige „Plätzchenbackverhalten" Westfalens.

Bockholt / Schulte Huxel
Westfälisches Pumpernickel-Buch
15x13cm, 96 S., gb.;
ISBN 3-87716-894-9.
19,80 DM
Pumpernickel ist nicht gleich Pumpernickel. Das Brot hat Tradition und verleitet zu einer Vielfalt köstlicher Rezepte - als Suppe, Vorspeise, Hauptspeise, Nachtisch. Lassen Sie sich überraschen. Mit der originellen Gestaltung ein ideales Geschenk für jeden Anlaß.

Bockholt/ Schulte-Huxel
Westfalen-Kost
18x21 cm, ca. 288 S.,
ISBN 3-87716-867-1
26,80 DM
Traditionelle Rezepte aus der bürgerlichen Küche zwischen Münsterland und Siegerland, Ruhrgebiet und Lipperland.

Frauenberger/ Bockholt
Das Goethe-Kochbuch
ca. 13x21 cm, 160 S., farbiger Umschlag, zahlreiche Abb., Zitate, Kochrezepte
ISBN 3-87716-866-3
24,80 DM
Ein Kochbuch, das nicht nur verrät, welchen hohen Stellenwert das Essen und Trinken in Goethes Leben einnahm, sondern das auch Speisen und Getränke in den biographischen und literarischen Kontext des größten deutschen Dichters einordnet.

Münsterländisches Kochbuch
15x21 cm, 306 S., gb., Lesezeichen.
ISBN 3-87716-906-6.
19,80 DM

SCHNELL Warendorf

Weitere Büchertips

Dr. P. Becker:
Mut zum Leben
Gedanken zum Werk Augustin Wibbelts; 48 S., 7,- DM

Dr. P. Becker: Märchen für kleine und große Kinder. Aus den Waldbrudergeschichten Augustin Wibbelts.
132 S., 23 Abb.,
ISBN 3-87716-887-6,
19,80 DM

Augustin Wibbelt: Leih mir die goldne Schaukel, 100 S., 4 Fotos,
ISBN 3-87716-918-x,
16,80 DM.

Arnhilt Schulz
Schmetterlinge / Flatternde Blütenblätter
15,8x23 cm, gb.
ISBN 3-87716-882-5,
26,80 DM
Bilder und Gedanken. 64 Seiten mit farbigen Schmetterlingen und Haiku-Versen.

Hilde Schürk-Frisch
90 Abb. sw und Farbe,
1994, 88 S., gb.
ISBN 3-87716-890-6,
58,- DM
Werk-Auswahl 1940 - 1994. Mit einer Einführung von Josef Pieper.

Arnhilt Schulz
Wie von Zauberhand berührt.
13,8x21 cm, gb.,
ISBN 3-87716-896-5
19,80 DM
Rauhreifmorgen in Bildern und Gedanken. Auf 40 farbigen Abbidungen erscheinen Herbstimpressionen wie von Zauberhand berührt, begleitet von (japanischen) Haiku-Versen.

Brigitte Kraneburg
Pikoc, der kleine Zauberlehrling.
20x28 cm. 52 S., farbig, gb.,
ISBN 387716-899-x
DM 29,80 DM
Ein farbiges Kinderbuch zum Lesen, Bemalen, Basteln und Lernen.

SCHNELL Warendorf

Eigene Rezepte:

Eigene Rezepte

Eigene Rezepte:

Eigene Rezepte:

Eigene Rezepte:

Eigene Rezepte:

Eigene Rezepte:

Eigene Rezepte: